India Street Food

India Street Food

100 AUTHENTISCHE REZEPTE AUS DELHI, KOLKATA, MUMBAI UND CHENNAI

Chetna Makan

CHRISTIAN

Produktmanagement: Sonya Mayer
Übersetzung aus dem Englischen: Claudia Theis-Passaro, Annegret Hunke-Wormser
Redaktion der Rezepte: Dr. Regina Roßkopf
Korrektur: Martin Thorn
Satz: Akademischer Verlagsservice Gunnar Musan
Umschlaggestaltung: Caroline Daphne Georgiadis, Daphne Design,
unter Verwendung einer Illustration von katyou/Fotolia.

Redaktion: Eleanor Maxfield
Art Director: Juliette Norsworthy
Foodstyling: Lizzie Kamenetkzy
Requisitenstyling: Hannah Wilkinson
Alle Fotos stammen von Nassima Rothacker.

Gesamtherstellung Verlagshaus GeraNova Bruckmann GmbH

★★★★★

Sind Sie mit diesem Titel zufrieden? Dann würden wir uns über Ihre Weiterempfehlung freuen.
Erzählen Sie es im Freundeskreis, berichten Sie Ihrem Buchhändler oder bewerten Sie bei Onlinekauf.
Und wenn Sie Kritik, Korrekturen, Aktualisierungen haben, freuen wir uns über Ihre Nachricht an:
Christian Verlag, Postfach 40 02 09, D-80702 München oder per E-Mail an lektorat@verlagshaus.de.

Unser Verlagsprogramm finden Sie unter www.christian-verlag.de

www.christian-verlag.de

Die Deutsche Nationalbibliothek verzeichnet diese Publikation in der Deutschen Nationalbibliografie; detaillierte bibliografische Daten sind im Internet über http://dnb.d-nb.de abrufbar.

Die Originalausgabe mit dem Titel *Chai, Chaat and Chutney: A Street Food Journey Through India* wurde erstmals 2017 im Verlag Mitchell Beazley in der Octopus Publishing Group Ltd, Carmelite House, 50 Victoria Embankment, London EC4Y ODZ veröffentlicht (www. octopusbooks.co.uk).

ISBN 978-3-95961-136-7

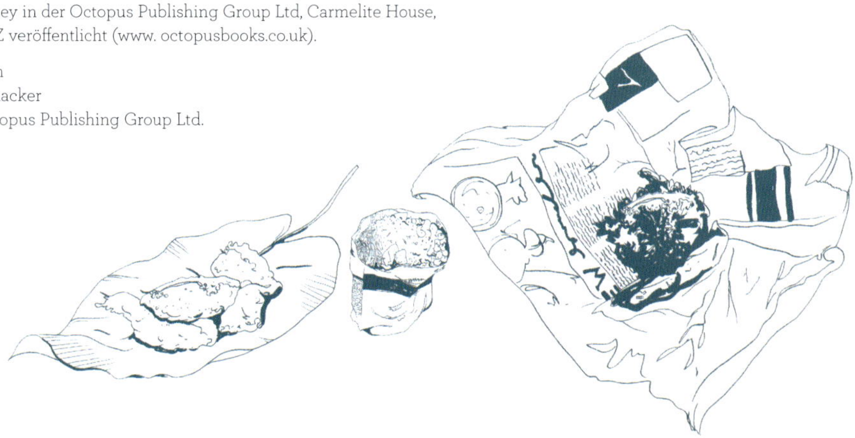

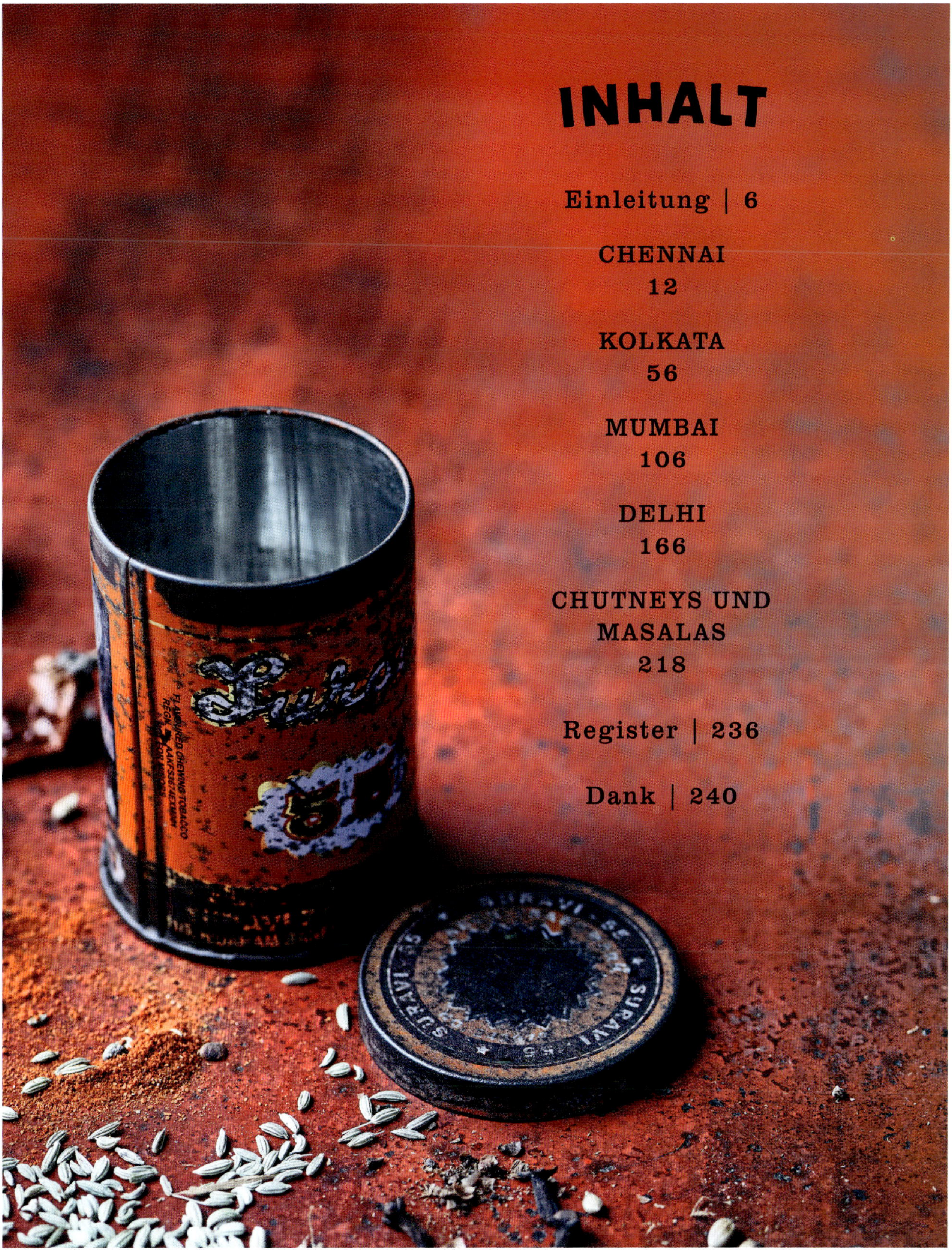

INHALT

Einleitung

Essen spielt im Leben der Inder eine wichtige Rolle. Genau wie man sich in Ländern der westlichen Hemisphäre gern über das Wetter unterhält, tauscht man sich in Indien über das Essen und Nahrungsmittel aus. Es heißt, Inder würden beim Frühstück über das Mittagessen reden und beim Mittagessen über das Abendessen. Diese Vorstellung bringt mich immer zum Lachen, aber meistens trifft es zu!

Streetfood macht einen unglaublich großen, wichtigen Teil der indischen Esskultur aus. Ein Aspekt, der mir an der Straßenküche besonders gut gefällt, ist die Tatsache, dass alle Menschen unabhängig von ihrem sozialen Hintergrund neben- und miteinander einfach nur ihr Essen genießen, wenn sie an einem der beliebten Straßenstände stehen. Einige kommen in Edelkarossen angefahren, andere auf Fahrrädern, aber sie alle finden sich dort zusammen, um die Köstlichkeiten genau dieses einen Verkäufers zu genießen.

Meistens werden die Gerichte auf der Straße auf Bestellung frisch zubereitet und sehr schnell serviert. Das Allerbeste daran aber ist, dass sie extrem preiswert sind. Man kann an den Straßenständen nicht nur kleine Snacks und leichte Mahlzeiten kaufen, um neue Kraft zu tanken, sondern findet auch eine Auswahl toller Mahlzeiten mit einer großen Bandbreite von Aromen und Zutaten. Und ja, natürlich gibt es auch süße Leckereien!

Das Leben war bisher eine unglaubliche Reise für mich, die in Jabalpur begann, einer kleinen Stadt in Zentralindien, in der ich mit der Hoffnung aufwuchs, irgendwann eine Ausbildung an einer Schule für Modedesign zu machen. Dieser Traum wurde wahr, als ich mit siebzehn Jahren zum Studium nach Mumbai ging. Es hat mir immer große Freude bereitet, etwas zu kreieren – dass ein bloßer Gedanke, der mir durch den Kopf ging, als Idee verwirklicht und als schönes Kleidungsstück Gestalt annehmen konnte. Und doch war Mumbai für mich ein gewaltiger Schritt im Vergleich zu den Annehmlichkeiten zu Hause.

Dort hatte meine Mutter jeden Tag für uns gekocht. Sie probierte immer neue Sachen aus und ermunterte mich schon als kleines Mädchen, ihr in der Küche zu helfen. Sie backte Geburtstagskuchen für die Familie und mit der Zeit übernahm ich immer mehr Aufgaben, bis ich diese Rolle dann irgendwann ganz übernahm. Es waren keine ausgefallenen Kuchen – nur einfache, mit Liebe gebackene Biskuitkuchen, aber meinen Freunden und meiner Familie schmeckten sie gut.

Ab und zu gingen wir alle zusammen aus, um uns an einem der Straßenstände in der Stadt etwas Leckeres zu gönnen. Am besten schmeckten uns die Chaat (herzhafte säuerliche Streetfood-Snacks) – Bhel Puri, Pani Puri und Papdi Chaat. Den Stand mit den besten Chaat in ganz Jabalpur gibt es heute noch! Die nachfolgende Generation von Straßenhändlern lernte nach und nach die kleinen

Feinheiten des Handwerks. Jedes Mal, wenn ich meine Eltern besuche, gehe ich unbedingt dorthin und genieße ein paar der besten Chaat, die ich je gegessen habe.

Eine andere Art von Gerichten, die bei meiner Familie besonders hoch im Kurs stand, waren südindische Streetfood-Spezialitäten, vor allem Dosa (knusprige südindische Pfannkuchen aus fermentiertem Teig mit Reis und Urdbohnen) und Sambhar (südindischer Eintopf aus Linsen und Tamarinde). Mein Vater aß immer Vada (frittierte Snacks aus Linsen, Kartoffeln oder Gemüse) und Sambhar, meine Schwestern Dosa ohne alles und meine Mutter und ich bestellten Masala Dosa. Bis heute habe ich nicht vergessen, was jeder von uns aß, weil wir immer alle das Gleiche gegessen haben, wenn wir unterwegs waren.

Manchmal holte uns unser Vater nach der Arbeit ab, um uns mit einer besonderen Leckerei zu verwöhnen. Wir drei Schwestern kletterten dann auf seinen Motorroller und los ging es zu einem ganz besonderen Stand, an dem es Eiscreme mit Cashews und Rosinen gab. Leider gibt es diesen Stand heute nicht mehr, aber der Geschmack der herrlichen Eiscreme dort ist mir in lebhafter Erinnerung geblieben.

In Bezug auf das Essen lagen Welten zwischen Mumbai und Jabalpur. In unserer College-Kantine gab es ein tolles Frühstück aus Poha (flach gepresster Reis) und Masala Chai (indischer Schwarztee mit Gewürzen), das ich immer sehr gerne gegessen habe, aber ansonsten ernährte ich mich eher von Streetfood-Gerichten. Direkt vor dem College gab es einen Stand, an dem den ganzen Tag über Tee und Kaffee sowie eine große Auswahl kleiner Mahlzeiten angeboten wurde. Deshalb bin ich wahrscheinlich so süchtig nach Tee und Keksen geworden, die auch heute noch das Erste sind, was ich morgens zu mir nehme.

Da ich während meiner Jahre im College und danach als Designerin in vielen verschiedenen Gegenden Mumbais gewohnt habe, hatte ich die Gelegenheit, noch viele andere unglaublich leckere Gerichte der Straßenküche kennenzulernen. Ich war oft auf Märkten unterwegs, um außergewöhnliche Stoffe und Accessoires aufzustöbern und entdeckte nebenbei auch tolle Orte, an denen man gut essen konnte.

Auf einem dieser Ausflüge habe ich dann auch in einem winzigen Shop auf dem Crawford Market das beste Falooda (traditionelles indisches Dessert aus Sirup, Basilikumsamen, Glasnudeln, Milch und Eiscreme) in ganz Mumbai entdeckt. Dort wurde nichts anderes als Falooda verkauft und zu den zahlreichen Geschmacksrichtungen im Angebot gehörten auch solche Gaumenfreuden wie Safran, Rose und Mango. Als ich vor Kurzem in der Stadt war, bin ich wieder dort gewesen – auch dieses Mal hat mich ihr superleckeres Falooda begeistert.

Nachdem ich viele Jahre in Mumbai gelebt hatte, bin ich nach Kent in England gezogen, was viele Veränderungen mit sich brachte, vor allem in Bezug auf das Essen. Von den vielen Dingen, die ich aus der indischen Küche vermisste, stand Streetfood ganz oben auf der Liste. In der ersten Zeit in England habe ich versucht, einige dieser Gerichte zu kochen, aber es war damals kompliziert, die richtigen Zutaten zu bekommen. Zum Glück haben sich die Zeiten geändert.

Natürlich hat sich mir in England eine ganz neue Welt des Backens eröffnet und ich habe dann irgendwann angefangen, für meine Freunde und Familie zu backen, was mir großen Spaß gemacht hat. So bin ich dann in der TV-Show *The Great British Bake Off* gelandet und habe dort das für meine Backexperimente nötige Selbstvertrauen bekommen. Und das, wiederum, hat zu meinem ersten Buch, Gewürze: Safran, Sesam, Sternanis, geführt, in dem es um viele tolle Gewürze und andere Aromen geht, die altbekannte süße und herzhafte Backwaren zu Sensationen werden lassen.

Aber bei diesem Buch hier wollte ich mit allen, die gutes Essen lieben, meine früh entstandene Leidenschaft für indisches Streetfood teilen. Das Thema ist so umfassend, dass es unmöglich gewesen wäre, alles in einem Buch unterzubringen. Die Frage lautete also, wo ich anfangen sollte. Dann kam mir der Gedanke, dass die vier größten Städte Indiens im Wesentlichen die vier Ecken des Landes repräsentieren und dass die Streetfood-Kultur in jeder Stadt unverwechselbare köstliche Gerichte zu bieten hat.

Für dieses Buch habe ich mich für meine Lieblingsgerichte entschieden – für die, die mir auf meinen Reisen besonders gut geschmeckt haben. Sie alle sind mir mit ihrem ganz eigenen Geschmack in Erinnerung geblieben, aber ich habe darauf geachtet, nur solche Rezepte auszuwählen, die man zu Hause problemlos nachkochen kann. Es dürfte kein Problem sein, die meisten Zutaten in den Supermärkten vor Ort finden zu können. Einige wenige, die für besondere Gerichte benötigt werden, sollten über das Internet bestellt werden können.

Die Vorbereitung der Zutaten ist der Schlüssel zu gelungenem Streetfood. Alle Zutaten und andere Dinge, die benötigt werden, sollten bereitliegen. Alles sollte gehackt, klein geschnitten oder vorbereitet und die Chutneys sollten fertig sein. Erst kurz vor dem Essen wird das Gericht dann zubereitet.

Ich hoffe, Sie bekommen Lust darauf, einige dieser Rezepte selbst auszuprobieren und sind dann von den Ergebnissen genauso begeistert wie ich. Sie sind meine eigenen Interpretationen eines wunderbaren Teilbereichs der indischen Küche, der sich nicht nur überall auf der Welt großer Beliebtheit erfreut, sondern für viele Inder ein unverzichtbarer Bestandteil des Alltags ist.

CHENNAI

Die Kleidung der Menschen in Chennai ist unglaublich farbenfroh. Bis heute ist traditionelle Kleidung hier sehr beliebt – die Männer tragen Lungis, die Frauen Saris – und wohin man auch schaut, überall sieht man Frauen und Mädchen mit Blumen im Haar.

Chennai ist die Stadt, in der man den besten traditionellen indischen Filterkaffee sowie die beste südindische Küche findet. Die Stadt mag zwar verglichen mit anderen indischen Großstädten klein sein, hat jedoch eine überaus lebendige Streetfood-Kultur zu bieten, deren Gerichte in ganz Indien geschätzt werden. Und im Übrigen nicht nur dort, Gerichte wie Dosa und Vada findet man in Restaurants, Cafés und Imbissständen auf der ganzen Welt.

Die für Chennai typischen Gerichte sind geschmacklich fein, dezent und ausgewogen – kurzum, einfach köstlich. Es gibt hier nicht so viele mobile Straßenstände und auch nicht deren Vielfalt wie etwa in Kolkata, Mumbai und Delhi – die leckeren Snacks werden hauptsächlich in kleinen Cafés und auf Märkten verkauft, wo sich an Sonntagen unzählige Familien treffen, um einzukaufen und gemeinsam die leckeren Spezialitäten der Straßenküche zu genießen.

An manchen ruhigeren Ecken bieten Stände auch komplette Mahlzeiten an wie etwa Reis und Curry auf Bananenblättern oder aber gefüllte Dosas mit Sambar. In Chennai findet man auch noch einige sehr berühmte alte Mensen, sogenannte mess halls, die seit Generationen in der Hand einer Familie sind und wo das Essen für jede Mahlzeit frisch zubereitet und dann auf großen Bananenblättern serviert wird.

An den für Chennai typischen Speisen schätze ich insbesondere, dass in der Regel eher wenige Zutaten und Gewürze zum Einsatz kommen. Allerdings nimmt man sich hier im Allgemeinen beim Kochen viel Zeit für die perfekte Zubereitung von beispielsweise Idli und Dosa, bei denen die Fermentation des Teigs eine wichtige Rolle spielt – und diese Mühe zahlt sich aus. Als Chutney-Kennerin muss ich zugeben, dass Chennai einige der besten Chutneys ganz Indiens zu bieten hat. Diese leckeren Ergänzungen zu vielen indischen Gerichten sind geschmacklich so vielfältig, dass es eigentlich erstaunlich ist, wie einfach man sie selbst zubereiten kann.

Die Gerichte in diesem Kapitel passen zu jeder Tageszeit und in jede Jahreszeit – ich persönlich könnte mir beispielsweise problemlos vorstellen, morgens, mittags und abends von Dosas zu leben.

Ergibt etwa 24 Stück

Zwiebel-Samosas

Diese Samosas – außen wunderbar knusprig, innen mit einer weichen, süßlich-würzigen Zwiebelfüllung – werden in Chennai sowohl an großen als auch an kleinen mobilen Verkaufsständen angeboten, meist optisch sehr ansprechend gestapelt und mit frischen Chilischoten dekoriert.

1 EL Sonnenblumenöl
4 Zwiebeln, fein gehackt
1 TL Salz
½ TL Chilipulver
1 kleine grüne Chilischote, fein gehackt
4 Blätter Filoteig (à 30 × 30 cm)
1 Ei, verquirlt
Sonnenblumenöl zum Frittieren
sehr kleine grüne Chilischoten, zum Dekorieren (nach Belieben)
Erdnuss-Chutney (siehe Seite 225) oder Koriander-Spinat-Chutney (siehe Seite 228), zum Servieren

Das Öl (1 EL) in einem Topf bei mittlerer Temperatur erhitzen und die Zwiebeln darin etwa 5 Minuten glasig anschwitzen. Das Salz, das Chilipulver und den gehackten Chili unterrühren und den Topf zum Abkühlen beiseitestellen.

Ein Teigblatt in jeweils 5 cm breite Streifen schneiden. Während der Arbeit an diesem Teigblatt sollten die übrigen Blätter mit einem feuchten Geschirrtuch abgedeckt werden, damit sie nicht austrocknen. 1 Teigstreifen auf die Arbeitsfläche legen und 1 gehäuften EL der Zwiebelmischung auf ein Ende geben. Eine Teigecke so über die Füllung legen, dass sich ein Dreieck ergibt und dieses dann in abwechselnder Richtung weiter so umfalten, dass sich ein dreieckiges Päckchen ergibt. Das lose Ende dann mit dem verquirlten Ei einpinseln und das Dreieck verschließen. Das gefüllte Samosa auf einem Teller mit einem feuchten Geschirrtuch abdecken, damit der Teig nicht austrocknet, während aus dem übrigen Teig und der Zwiebelmischung die anderen Samosas zubereitet werden.

Eine Fritteuse oder einen großen Topf mit ausreichend Öl füllen und auf 190 °C erhitzen (der Topf sollte nur bis zu einem Drittel gefüllt sein). Einen mit Küchenpapier ausgelegten Teller bereitstellen. Dann die Samosas im heißen Öl portionsweise jeweils etwa 2 Minuten goldgelb frittieren. Dabei gut aufpassen, denn Filoteig wird sehr schnell braun. Die Samosas mit einem Schaumlöffel herausnehmen und auf dem Küchenpapier abtropfen lassen. Nach Belieben mit sehr feinen grünen Chilischoten garnieren und heiß mit Erdnuss-Chutney oder Koriander-Spinat-Chutney servieren.

Ergibt 15 Stück

CHILISCHOTEN mit Tamarindenfüllung

Diese kleinen köstlichen Häppchen – außen würzig und knusprig, innen fein säuerlich – sind auf Südindiens Straßen ein sehr beliebter Imbiss. Ich habe sie zum ersten Mal in London gegessen, zu Hause bei Sudhakar, einem Freund von mir. Er ist ein großer Fan der Straßenküche und diese Snacks erinnern ihn an seine Heimatstadt. Sie eignen sich wunderbar als Partyhäppchen oder als Snack zu einer Tasse Tee.

15 kleine, aber dicke grüne Chilischoten
70 g Tamarindenmark
1 TL Ajowan (Königskümmel)
100 g Kichererbsenmehl
½ TL Salz
Sonnenblumenöl zum Frittieren
flockiges Meersalz (z. B. Fleur de Sel)

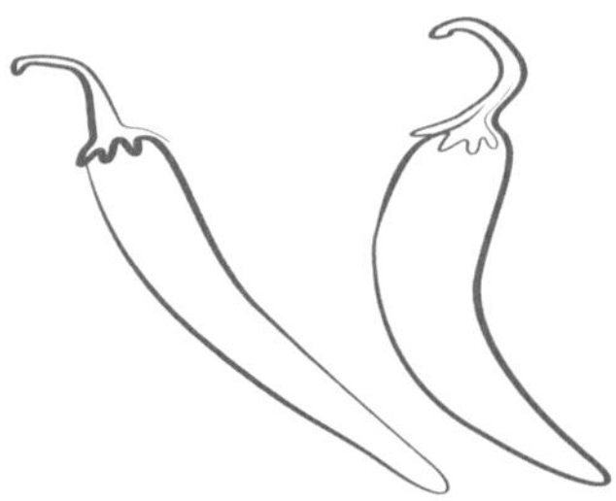

Mit einem scharfen und spitzen Messer die Chilischoten an einer Seite längs einschneiden und die Samen sowie die Scheidewände entfernen.

Das Tamarindenmark in einer kleinen Schüssel mit dem Ajowan vermengen, die Chilis mit dieser Mischung füllen und dann beiseitestellen.

In einer zweiten Schüssel das Kichererbsenmehl mit dem Salz mischen und dann langsam gerade so viel Wasser zugeben (maximal 120 ml), dass der Teig flüssig ist.

In einer Fritteuse oder einem großen Topf ausreichend Öl auf 180 °C erhitzen (der Topf sollte nur bis zu einem Drittel gefüllt sein). Zwei mit Küchenpapier ausgelegte Teller bereitstellen. Nun portionsweise die Chilischoten einzeln durch den Teig ziehen, dann vorsichtig in das heiße Öl gleiten lassen und etwa 2 Minuten ausbacken, bis sie sich leicht verfärben. Die Chilis mit einem Schaumlöffel herausnehmen und auf einem der beiden mit Küchenpapier ausgelegten Teller abtropfen lassen.

Die frittierten Chilis anschließend erneut durch den Teig ziehen und (wiederum portionsweise) ein zweites Mal 2 Minuten goldgelb und knusprig ausbacken. Auf dem zweiten Teller mit Küchenpapier abtropfen lassen. Mit flockigem Meersalz bestreuen und heiß servieren.

Für 4 Personen

Chili-Panir

Dieses köstliche Rezept ist nicht nur sehr einfach zu machen, es lässt sich auch gut mit vielen anderen Gerichten kombinieren, beispielsweise mit Dal und Reis, Weichen Kachoris (siehe Seite 62) sowie jedem beliebigen Fladenbrot aus diesem Buch. Auch als Füllung für Einfache Dosas (siehe Seite 26) ist es wunderbar geeignet. Und schließlich kann man es gut zum Knabbern anbieten – einfach wie bei eingelegten Oliven Cocktailspieße dazu reichen, damit die Gäste sich bedienen können.

Für den Panir

50 g Weizenmehl Type 405
¼ TL Salz
2 EL Sonnenblumenöl
300 g Panir, in flache Scheiben geschnitten

Für die Sauce

1 EL Sonnenblumenöl
1 große Zwiebel, in feine Streifen geschnitten
2 kleine grüne Chilischoten, fein gehackt
1 EL Sojasauce
1 EL Chilisauce
1 EL Ketchup
½ TL Salz
¼ TL frisch gemahlener schwarzer Pfeffer

Für den Panir-Frittierteig das Mehl und das Salz in einer Schüssel mischen. Nach und nach 6 EL Wasser zugeben und alles zu einem glatten Teig verrühren.

Das Öl in einer Pfanne bei mittlerer Temperatur erhitzen. Einen mit Küchenpapier ausgelegten Teller bereitstellen. Die Käsestücke im Teig wenden und im heißen Öl von jeder Seite etwa 1 Minute goldgelb braten. Den Käse mit einem Schaumlöffel aus der Pfanne nehmen und auf dem Küchenpapier abtropfen lassen.

Für die Sauce das Sonnenblumenöl in dieselbe Pfanne geben und bei mittlerer Temperatur erhitzen. Die Zwiebel und die grünen Chilis dazugeben und 5 Minuten anschwitzen, bis die Zwiebel goldgelb ist. Die Sojasauce, die Chilisauce, den Ketchup sowie Salz und Pfeffer zugeben und alles gut verrühren.

Die Käsestücke in die Pfanne geben und sorgfältig mit der Sauce verrühren, dann die Pfanne vom Herd nehmen, die Mischung in eine Servierschüssel umfüllen und heiß servieren.

CELEBRATE
THIS AADI
WITH
SURPRISE
GIFTS

KALAI
TN.03
D.8417

ஸ்ரீ கற்பகாம்பாள்
இனிப்பகம்
நெ.13, மத்தள நாராயணன் தெரு, மயிலாப்பூர், சென்னை-600 004.

Für 4 Personen

Mais-Chaat

Mir ist sowohl in Chennai als auch in Mumbai aufgefallen, dass dieser schlichte Streetfood-Snack überaus gern gegessen wird. Allerdings wurde der Mais in Chennai vorab gedämpft, in Mumbai dagegen gekocht. Viele Zutaten enthält dieses Chaat zwar nicht, ist aber geschmacklich dennoch sehr ausgewogen. Der süße Mais wird sehr gut ergänzt durch den säuerlichen Geschmack von Chaat Masala, Limette und Koriandergrün sorgen für ein peppiges Finish.

- 500 g Maiskörner (TK-Produkt, alternativ Maiskörner aus der Dose)
- 1 EL gesalzene Butter
- ½ TL Salz
- ½ TL Chaat Masala (siehe Seite 230)
- ½ TL Chilipulver, plus etwas zusätzlich zum Garnieren (nach Belieben)
- 1 Handvoll frische Korianderblätter, fein gehackt
- 1 EL Limettensaft

Den Mais in Salzwasser 10 Minuten garen, dann abgießen und beiseitestellen. (Maiskörner aus der Konserve können ohne Kochen weiterverarbeitet werden.)

Die Butter in einem weiten Topf bei mittlerer Temperatur zerlassen und das Salz, das Chaat Masala sowie das Chilipulver unterrühren. Den abgetropften Mais dazugeben und gründlich mit der Butter vermengen. Den Topf von der Kochstelle nehmen, die Korianderblätter und den Limettensaft zugeben und nochmals kräftig umrühren. Nach Geschmack mit dem zusätzlichen Chilipulver garnieren und warm oder kalt servieren.

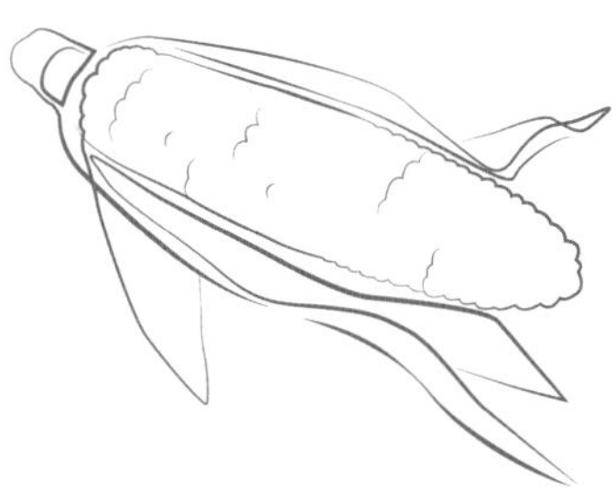

Ergibt etwa 12 Stück

EINFACHES Dosa

Meine Mutter macht fantastische Mahlzeiten mit Dosas, und so habe ich von ihr gelernt, wie diese zubereitet werden. Einfache Dosas werden traditionell mit Sambar und Kokos-Chutney gegessen, können aber auch gefüllt werden, beispielsweise mit der auf der gegenüberliegenden Seite vorgestellten Kartoffelfüllung. Der Teig muss einige Tage im Voraus zubereitet werden. Siehe Foto, Seite 28–29

300 g weißer Reis
100 g gespaltene schwarze Linsen (Urad Dal)
10 g Bockshornkleesamen
Sonnenblumenöl zum Ausbacken

Zum Servieren
Sambar (siehe Seite 33)
Kokos-Chutney (siehe Seite 221)
Koriander-Spinat-Chutney (siehe Seite 228)

Den Reis über Nacht in 500 ml Wasser einweichen. Gleichzeitig in einer zweiten Schüssel die Linsen und die Bockshornkleesamen in 400 ml Wasser einweichen.

Am nächsten Tag den Reis abgießen und im Standmixer zu einer Paste verarbeiten. Gegebenenfalls etwas Wasser zugeben, aber nicht zu viel, da die Paste dickflüssig sein soll. Mit der Mischung aus Linsen und Bockshornkleesamen ebenso verfahren. Beide Pasten in einer Schüssel verrühren und mit Frischhaltefolie abgedeckt an einem warmen Ort in der Küche 24 Stunden fermentieren lassen. Der Teig wird leicht aufgehen und säuerlich riechen und wird anschließend bis zu seiner Verwendung im Kühlschrank aufbewahrt.

Vor der weiteren Verarbeitung sollte der Teig auf die richtige Konsistenz geprüft werden: Er sollte sich leicht verstreichen lassen, falls nötig daher noch etwas Wasser zugeben. Eine Pfanne mit einigen Tropfen Öl darin stark erhitzen und anschließend vorsichtig mit Küchenpapier auswischen, sodass sie zwar eingefettet, aber trocken ist. Eine Schöpfkelle Teig in die Pfanne geben und mit der Löffelunterseite den Teig auf dem Pfannenboden dünn zu einem großen Dosa ausstreichen. 1 TL Öl rund um das Dosa träufeln und 2–3 Minuten goldgelb backen (Achtung! Dosas werden nur von einer Seite gebacken). Das Dosa über die Mitte zusammenklappen und auf einen Teller legen. Mit dem restlichen Teig ebenso verfahren.

Die Dosas heiß mit Sambar und den Chutneys servieren.

Für die Füllung von 8 Dosas

Masala-Dosa-FÜLLUNG

Diese überaus leckere Mischung dient zwar meistens zum Füllen von Dosas, kann aber genauso gut als Beilage gereicht werden und ergibt so in Kombination mit Sambar und Chutneys eine vollständige Mahlzeit. Darüber hinaus kann sie natürlich auch als Sabji (Gemüsegericht) zu Brot oder Roti gegessen werden. Wenn ich die Kartoffeln schon im Voraus gare, koche ich sie gern in der Schale, damit sie beim Kochen nicht zerfallen.
(Das Foto finden Sie auf Seite 28–29.)

1 EL Sonnenblumenöl
1 TL Senfkörner
6 Curryblätter
2 getrocknete rote Chilischoten
1 EL gespaltene Kichererbsen (Chana Dal)
1 TL gespaltene schwarze Linsen (Urad Dal)
1 Zwiebel, grob gehackt
1 ½ TL Salz
½ TL gemahlene Kurkuma
4 mehligkochende Kartoffeln, gegart, gepellt und in kleine Würfel geschnitten

Das Öl in einem weiten Topf bei mittlerer Temperatur erhitzen und die Senfsamen, die Curryblätter und die getrockneten Chilis darin anrösten, bis sie knistern. Dann die gespaltenen Kichererbsen und Linsen zugeben und unter Rühren 2 Minuten mitrösten.

Die Zwiebel zugeben und 3–4 Minuten anschwitzen, bis sie sich gerade verfärbt. Das Salz und die Kurkuma unterrühren und anschließend die Kartoffelwürfel unterheben. Nochmals 5 Minuten garen, dann den Topf von der Kochstelle nehmen und heiß servieren.

Falls dieses Gericht zu Einfachen Dosas (siehe gegenüberliegende Seite) gereicht werden soll, wie zuvor beschrieben 8 Dosas zubereiten, die Kartoffelfüllung in 8 Portionen aufteilen, die Dosas damit füllen und zum Servieren über die Mitte zusammenklappen.

Ergibt 4 Stück

ZWIEBEL-TOMATEN-Uttapam

Bei Uttapam handelt es sich um ein Fladenbrot, das um einiges dicker ist als Dosa und daher mehr Zeit zum Garen benötigt. Das Ergebnis ist weniger knusprig, aber keineswegs weniger köstlich als ein Dosa. In Kombination mit Sambar und Chutneys findet man Uttapams in ganz Indien, in Restaurants ebenso wie an Straßenständen. Uttapams können mit allen möglichen Dingen belegt werden, meine Lieblingsvariante jedoch ist diese Zwiebel-Tomaten-Mischung

1 Zwiebel, fein gehackt
1 Tomate, fein gehackt
1 grüne Chilischote, fein gehackt
½ TL Salz
4 Schöpfkellen Dosa-Teig (siehe Seite 26)
Sonnenblumenöl zum Ausbacken

Zum Servieren
Sambar (siehe Seite 33)
Kokos-Chutney (siehe Seite 221)
Koriander-Spinat-Chutney (siehe Seite 228)

Die Zwiebel, die Tomate, den Chili und das Salz in einer Schüssel gründlich vermischen.

Eine Pfanne bei mittlerer bis hoher Temperatur erhitzen und in die heiße Pfanne eine Schöpfkelle Dosa-Teig geben. Ein Viertel der Gemüsemischung daraufgeben und auf einen Durchmesser von 10–13 cm ausstreichen. Das Uttapam am Rand mit etwas Öl beträufeln und von jeder Seite 5 Minuten backen. Dann aus der Pfanne nehmen und aus den restlichen Zutaten drei weitere Uttapam zubereiten.

Die Uttapam heiß mit Sambar, Kokos-Chutney und Koriander-Spinat-Chutney servieren.

Ergibt 6 Portionen

Sambar

Dieses typisch südindische Gericht, in Chennai das Standardessen überhaupt, kann zu Dosas, Idlis, Reis und vielen anderen Gerichten gereicht werden. Beispielweise passt es sehr gut zu Einfachen Dosas (siehe Seite 26) oder Zitronenreis (siehe Seite 52). Für die Zubereitung gibt es viele verschiedene Möglichkeiten: Manche geben Gemüse wie Karotten oder die langen, grünen Früchte des in der indischen Küche viel verwendeten Meerrettichbaums, Moringa oleifera, dazu, andere dagegen bereiten Sambar sehr flüssig zu. Die entsprechende Gewürzmischung findet man heutzutage auch als fertiges Sambar Masala, aber auf Seite 232 finden Sie ein einfaches Rezept für diese sehr praktische Gewürzmischung. Sobald meine Mischung sich dem Ende zuneigt, mache ich gleich eine frische Portion, damit ich es immer zur Hand habe.

250 g gespaltene Straucherbsen (Toor Dal)
1 EL gespaltene Kichererbsen (Chana Dal)
1 ½ TL Salz
1 TL gemahlene Kurkuma
1 EL Sonnenblumenöl
1 TL Senfkörner
10 Curryblätter
4 getrocknete rote Chilischoten
1 Zwiebel, in feine Streifen geschnitten
2 EL Sambar Masala (siehe Seite 232)
1 EL Tamarindenmark

Beide Dalsorten mit dem Salz, der Kurkuma und 1,2 l Wasser in einem großen Topf 30–35 Minuten leise köchelnd garen.

In einem zweiten großen Topf das Öl bei mittlerer Temperatur erhitzen und die Senfkörner, die Curryblätter und die getrockneten Chilis darin anrösten. Sobald sie knistern, die Zwiebelstreifen zugeben und etwa 5 Minuten anschwitzen, bis sie sich gerade verfärben. Das Sambar Masala dazugeben und gründlich unterrühren.

Die gegarten Hülsenfrüchte zur Zwiebelmischung geben und dann die Tamarindenpaste unterrühren. (Sollte die Mischung zu dickflüssig sein, etwa 100 ml kochendes Wasser angießen.) Gründlich vermengen und nochmals 5 Minuten kochen. Sofort servieren.

Ergibt 6 Stück

Medu Vada

Diese Vadas sind innen herrlich weich und außen knusprig. Kombiniert mit Kokos-Chutney und Sambar sind sie absolut unwiderstehlich und so ist es kaum verwunderlich, dass sie sich von den Straßen Chennais aus in die ganze Welt verbreitet haben und heute überall in südindischen Cafés und Restaurants zu finden sind.

300 g gespaltene schwarze Linsen (Urad Dal)
1 kleine grüne Chilischote, gehackt
1 Stück Ingwer (2,5 cm) Ingwer, geschält und gehackt
10 Curryblätter
¾ TL Salz
Sonnenblumenöl zum Frittieren

Zum Servieren
Kokos-Chutney (siehe Seite 221)
Sambar (nach Belieben; siehe Seite 33)

Die Hülsenfrüchte über Nacht in 700 ml Wasser einweichen. Abgießen und mit dem grünen Chili, dem Ingwer, den Curryblättern und Salz in der Küchenmaschine zu einer glatten Paste verarbeiten. Gegebenenfalls für die richtige Konsistenz etwas Wasser zugeben, es sollte aber so wenig wie möglich sein, da der Teig dickflüssig sein sollte.

Den Teig in eine Schüssel umfüllen und mit einem Holzlöffel 6–8 Minuten durch kräftiges Rühren auflockern. In einer Fritteuse oder einem hohen Topf ausreichend Öl auf 170–180 °C erhitzen (der Topf sollte nur bis zu einem Drittel gefüllt sein). Einen mit Küchenpapier ausgelegten Teller bereitstellen.

Die traditionelle Vada-Form erreicht man am einfachsten mit der Hilfe eines Stücks lebensmittelechten Kunststoffs (z. B. stabile Gefrierbeutel), das man über den Rand eines Glases legt. Die überhängenden Seiten des Kunststoffs zusammen mit dem Glas festhalten, sodass das Glas abgedeckt bleibt. Die Handfläche anfeuchten und über die gespannte Fläche streichen. 1 ½ EL Vada-Teig auf die über das Glas gespannte Folie geben, flach drücken und mit dem Finger ein Loch hineindrücken. Dann das Vada behutsam von der Folie in das heiße Öl gleiten lassen. Mit dem übrigen Teig ebenso verfahren. (Falls Ihnen das zu umständlich erscheint, können Sie den Teig auch einfach esslöffelweise direkt in das heiße Öl geben.) Die Vadas portionsweise in 2–3 Minuten goldgelb frittieren. Anschließend mit einem Schaumlöffel herausnehmen und auf dem Küchenpapier abtropfen lassen. Heiß servieren und nach Belieben Kokos-Chutney und Sambar dazu reichen.

Für 4 Personen

BLUMENKOHL-Pakora

Diese herrlich knusprigen Pakoras sollte man unbedingt mit Tomaten-Chutney oder Erdnuss-Chutney probieren. Sie sind knuspriger als die üblichen Pakoras, denn sie werden hier zweimal frittiert. Blumenkohl und Pakoras sind nicht unbedingt eine gängige Verbindung, aber in Nordindien und in Chennai ist diese leckere Zwischenmahlzeit in unterschiedlichen Varianten sehr beliebt.

60 g Kichererbsenmehl
1 grüne Chilischote, fein gehackt
1 EL geröstete Fenchelsamen
½ TL Mangopulver (Amchur)
½ TL Salz
Sonnenblumenöl zum Frittieren
1 mittelgroßer Blumenkohl, in gleichmäßig große Röschen zerteilt
Tomaten-Chutney (siehe Seite 225), Erdnuss-Chutney (siehe Seite 225) oder Tamarinden-Chutney (siehe Seite 220), zum Servieren

Das Mehl mit dem Chili, den Fenchelsamen, dem Mangopulver und dem Salz in einer Schüssel gut mischen. Nach und nach 90–100 ml Wasser unterrühren, sodass ein Teig entsteht, der gerade dünnflüssig genug ist, dass er auf einem Löffelrücken nicht sofort abfließt.

In einer Fritteuse oder einem hohen Topf ausreichend Öl auf 180 °C erhitzen (der Topf sollte nur bis zu einem Drittel gefüllt sein). Einen mit Küchenpapier ausgelegten Teller bereitstellen. Die Blumenkohlröschen einzeln durch den Teig ziehen und dann vorsichtig in das heiße Öl gleiten lassen (dabei portionsweise vorgehen, damit der Topf nicht zu voll wird). 3–4 Minuten frittieren, bis die Pakoras sich gerade verfärben. Mit einem Schaumlöffel herausnehmen und auf dem Küchenpapier abtropfen lassen.

Sind alle einmal frittiert, im nächsten Schritt die Pakoras zwischen 2 Blätter Küchenpapier legen und mit den Handflächen mit leichtem Druck etwas flach drücken – nicht zu fest, sie sollten nicht zerquetscht werden.

Die Temperatur des Öls nun auf 190 °C erhöhen und die flachen Pakoras darin nochmals (wiederum portionsweise) 2 Minuten goldgelb frittieren. Mit einem Schaumlöffel herausnehmen und auf dem Küchenpapier abtropfen lassen.

Mit Tomaten-Chutney, Erdnuss-Chutney oder Tamarinden-Chutney servieren.

Ergibt etwa 30 Stück

MUNG DAL *Vada*

Diese Vadas begegnen einem in ganz Indien in allen Formen und Größen. Man findet sie an großen Marktständen ebenso wie bei Straßenverkäufern, die mit ihrem Fahrrad unterwegs sind. Am allerbesten schmecken sie heiß während der Monsunzeit, wenn das kühle Wetter besonders viel Lust auf heiße, frittierte Gerichte macht. Dazu passt ein beliebiges grünes Chutney, beispielsweise Koriander-Spinat-Chutney (siehe Seite 228), Minze-Chutney (siehe Seite 228) oder Curryblätter-Chutney (siehe Seite 229).

250 g gespaltene gelbe Mungbohnen (Mung Dal)
1 Stück Ingwer (2,5 cm), geschält und fein gehackt
1 grüne Chilischote, fein gehackt
1 TL Salz
½ TL frisch gemahlener schwarzer Pfeffer
1 Zwiebel, fein gehackt
1 Handvoll frische Korianderblätter, fein gehackt
Sonnenblumenöl zum Frittieren
grünes Chutney (nach Wahl) zum Servieren

Die Mungbohnen in der doppelten Menge kaltem Wasser 1 Stunde einweichen, dann abgießen und mit Ingwer, Chili, Salz und Pfeffer im Standmixer zu einer glatten Paste verarbeiten. Ist die Masse zu dickflüssig, gegebenenfalls einige EL Wasser dazugeben. Die Mischung in einer Schüssel in etwa 5 Minuten vollständig glatt rühren.

Zwiebel und Korianderblätter unterrühren und gleichmäßig im Teig verteilen.

In einer Fritteuse oder einem hohen Topf ausreichend Öl auf 180 °C erhitzen (der Topf sollte nur bis zu einem Drittel gefüllt sein). Einen mit Küchenpapier ausgelegten Teller bereitstellen. Wenn das Öl heiß ist, die Mungbohnenmischung esslöffelweise als kleine Kugeln vorsichtig hineingeben (dabei portionsweise vorgehen, damit der Topf nicht zu voll wird). Die Vadas rundum 2 Minuten goldgelb und knusprig ausbacken. Mit einem Schaumlöffel herausnehmen und auf dem Küchenpapier abtropfen lassen. Sofort servieren und grünes Chutney dazu reichen.

Ergibt 50–60 Stück

REIS-DAL-Papdi

Diese superleckeren, knusprigen Snacks werden in ganz Indien in Buden am Straßenrand oder an Imbissständen verkauft. Mir persönlich schmeckt die in Chennai angebotene Version am besten, darum stelle ich das Rezept hier vor. Probieren Sie sie mit einem beliebigen Chutney aus diesem Buch und dazu ein Masala Chai (siehe Seite 217).

60 g gespaltene Kichererbsen (Chana Dal)
125 g Reismehl
125 g Weizenmehl Type 405
1 TL Salz
½ TL Chilipulver
10 Curryblätter, fein gehackt
Sonnenblumenöl zum Frittieren
flockiges Meersalz (z. B. Fleur de Sel)
Chutney (nach Wahl) zum Servieren

Die gespaltenen Kichererbsen in einer Schüssel mit Wasser bedecken und 1 Stunde einweichen. Abgießen und in der Küchenmaschine zu einer grobkörnigen Paste zerkleinern. Falls erforderlich 1 EL Wasser zugeben, sodass die Paste eine grobe, dickflüssige Konsistenz hat und nicht zu flüssig wird.

In einer großen Schüssel die zerkleinerten Kichererbsen mit Reismehl, Weizenmehl, Salz, Chilipulver und Curryblättern sorgfältig vermischen. Nun nach und nach tropfenweise gerade so viel von etwa 120 ml Wasser dazugeben (gegebenenfalls auch mehr), dass die Mischung sich zu einem weichen Teig verbindet. Den Teig mit Frischhaltefolie abgedeckt 30 Minuten ruhen lassen.

Eine Fritteuse oder einen großen Topf mit ausreichend Öl füllen und auf 190 °C erhitzen (der Topf sollte nur bis zu einem Drittel gefüllt sein). Einen mit Küchenpapier ausgelegten Teller bereitstellen.

Den Teig in kleinen, etwa haselnussgroßen Portionen in dünne, etwa 5 cm große Scheiben ausrollen. Die Papdi portionsweise in 2–3 Minuten goldgelb backen. Anschließend mit einem Schaumlöffel herausnehmen und auf dem Küchenpapier abtropfen lassen, während der übrige Teig verarbeitet wird. Abkühlen lassen, dann mit flockigem Meersalz würzen und wenn gewünscht mit einem beliebigen Chutney servieren.

Für 6 Personen

Upma

Dieses leichte und gesunde südindische Gericht gab es in der College-Mensa jeden Tag zum Frühstück. Es ist im Handumdrehen zubereitet und schmeckt köstlich frisch. Probieren Sie Upma mit Kokosnuss- oder Erdnuss-Chutney.

250 g Hartweizengrieß
1 ½ EL Sonnenblumenöl
1 TL schwarze Senfkörner
1 Prise Asafoetida (Asant)
8 Curryblätter
2 EL Erdnusskerne
10 Cashewkerne
1 EL gespaltene Kichererbsen (Chana Dal)
1 Stück Ingwer (1–1,5 cm), geschält und fein gehackt
1 kleine grüne Chilischote, fein gehackt
1 Zwiebel, fein gehackt
1 Karotte, fein gehackt
1 grüne Paprikaschote, fein gehackt
1 ½ TL Salz
850 ml kochendes Wasser
Kokos-Chutney (siehe Seite 221) oder Erdnuss-Chutney (siehe Seite 225), zum Servieren

Eine Pfanne ohne Fett erhitzen und den Hartweizengrieß darin bei mittlerer Temperatur unter ständigem Rühren trocken rösten, wobei der Grieß sich nicht verfärben sollte. In eine Schüssel geben und beiseitestellen.

Das Öl in einem großen Topf bei mittlerer Temperatur erhitzen. Zuerst die Senfkörner und dann das Asafoetida darin anrösten, bis die Mischung knistert. Dann die Curryblätter, die Erdnusskerne, die Cashewkerne und die gespaltenen Kichererbsen in den Topf geben und bei niedriger Temperatur mitrösten, bis die Zutaten langsam goldgelb werden. Anschließend den Ingwer und den Chili unterrühren und 1 Minuten mitbraten.

Die Zwiebel, die Karotte, die grüne Paprikaschote und das Salz in den Topf geben und vorsichtig 850 ml kochendes Wasser angießen. 3–4 Minuten leise köcheln lassen, bis die Zwiebel und die Paprika etwas weich geworden sind.

Nun den gerösteten Hartweizengrieß sehr langsam unter ständigem Rühren in den Topf rieseln lassen, um Klumpenbildung zu vermeiden. 3–4 Minuten leise köchelnd aufquellen lassen, bis der Grieß das gesamte Wasser aufgenommen hat. Sofort mit dem Chutney servieren.

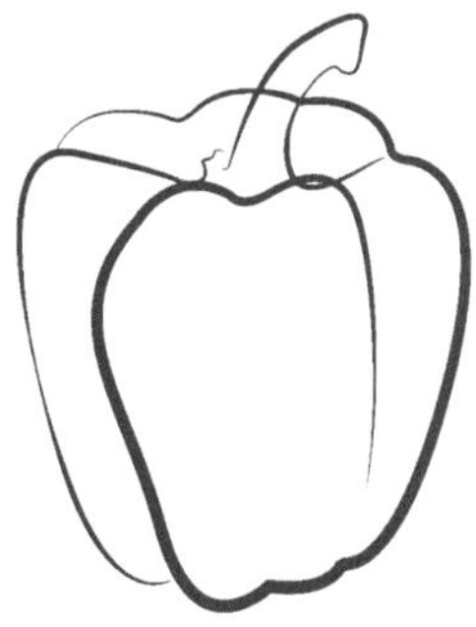

Ergibt 12 Stück

CHANA DAL *Vada*

In Chennai bin ich auf eine Vielzahl unterschiedlicher Versionen dieses südindischen Gerichts gestoßen, aber auch in Kolkata ist es mir begegnet. Es ist ein sehr geradliniges Rezept, das als Vorbereitung lediglich das Einweichen einer Zutat erfordert. Vadas schmecken extrem gut in Kombination mit Kokos-Chutney (siehe Seite 221) oder Curryblätter-Chutney (siehe Seite 229). (Das Foto sehen Sie auf Seite 45.)

200 g gespaltene Kichererbsen (Chana Dal)
1 Zwiebel, fein gehackt
1 Knoblauchzehe, geschält und fein gehackt
1 Stück Ingwer (1 cm), geschält und fein gehackt
1 kleine grüne Chilischote, fein gehackt
5 Curryblätter, grob gehackt
1 Handvoll frische Korianderblätter, fein gehackt
½ TL Salz
½ TL Chilipulver
½ TL gemahlener Kreuzkümmel
Sonnenblumenöl zum Frittieren
beliebiges Chutney, zum Servieren

Die gespaltenen Kichererbsen in 600 ml Wasser über Nacht oder für mindestens 4 Stunden einweichen, dann abgießen und mit 1 EL Wasser in einer Küchenmaschine oder einem Standmixer zu einer Paste verarbeiten. Die restlichen Zutaten mit Ausnahme des Öls dazugeben und alles sorgfältig mixen.

In einer Fritteuse oder einem hohen Topf ausreichend Öl auf 180 °C erhitzen (der Topf sollte nur bis zu einem Drittel gefüllt sein). Einen mit Küchenpapier ausgelegten Teller bereitstellen. 1 gehäuften EL der Mischung auf die Handfläche geben, eine Kugel formen, diese dann etwas flach drücken und vorsichtig in das heiße Öl gleiten lassen. Aus der übrigen Mischung 11 weitere Vadas formen und diese portionsweise 2 Minuten ausbacken, dann wenden und nochmals 2 Minuten ausbacken, bis sie rundum goldbraun sind. Mit einem Schaumlöffel herausnehmen und auf dem Küchenpapier abtropfen lassen. Die Vadas noch heiß mit Chutney servieren.

Ergibt 6 Stück

KOKOSNUSS-Boli

Bei Kokos-Bolis handelt es sich um süße gefüllte köstliche Parathas, die aus dem Süden Indiens stammen. In Mumbai dagegen findet man eine mit süßen Linsen gefüllte Variante, genannt Puran Poli. Meine Version bedient sich hier bei beiden Traditionen. Sie ist nicht besonders süß, zeichnet sich aber aus durch eine wunderbare Kombination von Aromen.

Für den Teig
100 g Atta-Mehl
100 g Weizenmehl Type 405
½ TL gemahlene Kurkuma

Für die Füllung
150 g gespaltene Kichererbsen (Chana Dal)
1 EL Ghee (geklärte Butter), etwas mehr zum Braten
100 g Kokosnussfleisch, frisch gerieben
100 g Jaggery (unraffinierter Rohrzucker)
1 TL gemahlener Kardamom

Für den Teig die Mehlsorten mit der Kurkuma in einer Schüssel mischen und gerade so viel von 120 ml Wasser zugeben (gegebenenfalls etwas mehr), dass ein weicher Knetteig entsteht. Den Teig 2 Minuten kneten und dann mit Frischhaltefolie abgedeckt 30 Minuten ruhen lassen.

Für die Füllung die gespaltenen Kichererbsen mit 500 ml Wasser zum Kochen bringen. Die Temperatur reduzieren und 35–40 Minuten köcheln lassen, bis die Kichererbsen weich sind.

In einem zweiten Topf das Ghee auf mittlerer bis niedriger Stufe erhitzen und die Kokosraspel darin 1 Minuten anbraten. Das Jaggery zugeben und schmelzen lassen, anschließend die gegarten Kichererbsen sowie das Kardamompulver unterrühren. 2–5 Minuten köcheln lassen und dabei eventuell in der Mischung vorhandene Klumpen mit einem Kartoffelstampfer zerkleinern. Zum Abkühlen beiseitestellen.

Den Teig in 12 gleich große Portionen teilen. 1 Portion auf einen Durchmesser von 12–15 cm rund ausrollen, dann eine zweite Portion ebenso vorbereiten. 3–4 EL der Kokosfüllung auf eine der beiden Scheiben geben und gleichmäßig auf der Oberfläche verstreichen. Die andere Scheibe darauflegen und zum Verschließen den Rand zusammendrücken. Mit dem übrigen Teig und der restlichen Füllung ebenso verfahren, sodass insgesamt 6 Bolis entstehen.

Eine Pfanne bei mittlerer Temperatur erhitzen und die Bolis von jeder Seite 2–3 Minuten goldgelb backen, dabei während des Backens pro Seite ½ TL Ghee in die Pfanne geben. Heiß servieren.

Für 4 Personen

CORNFLAKE-Chaat

Der beste Ort, um diesen leichten, knusprigen Snack zu genießen, ist die Meerespromenade von Chennai, wo er in kleinen spitz zulaufenden Papiertüten verkauft wird. Meist wird er einfach so gegessen, aber ich reiche manchmal auch gern Tomaten-Chutney (siehe Seite 225) oder Minze-Chutney (siehe Seite 228) dazu, um dem Ganzen einen Extrakick zu verleihen.

1 TL Sonnenblumenöl
50 g Erdnusskerne
50 g ungesüßte Cornflakes
50 g Nudeln aus Kichererbsenmehl (Sev) oder Bombay Mix
¼ TL Salz
¼ TL Chilipulver
¼ TL Chaat Masala (siehe Seite 230)
½ Zwiebel, fein gehackt
Saft von 1 Limette

Das Öl in einem weiten Topf bei mittlerer Temperatur erhitzen. Einen mit Küchenpapier ausgelegten Teller bereitstellen. Die Erdnusskerne im heißen Öl unter ständigem Rühren etwa 2 Minuten goldgelb rösten und anschließend auf dem Küchenpapier abtropfen lassen.

Die übrigen Zutaten in einer großen Schüssel mischen und die abgekühlten Erdnusskerne dazugeben. Alles gut vermischen und sofort servieren.

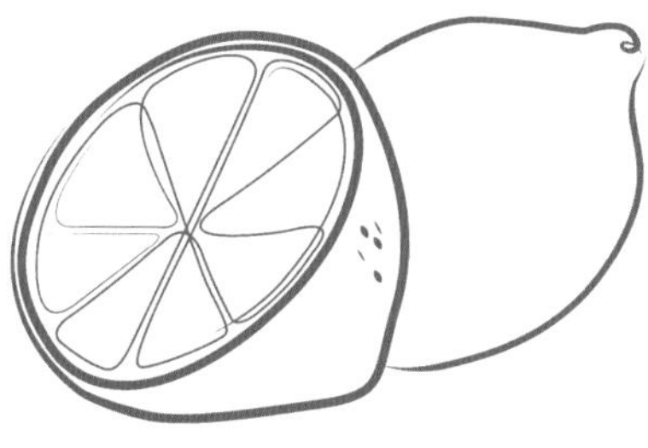

Für 6 Personen

Zitronenreis

Zitronenreis ist sehr leicht und erfrischend. Er schmeckt wunderbar als Teil eines Thali (eine große indische Mahlzeit aus verschiedenen Speisen), für sich genommen oder (mein Favorit) mit Sambar oder Chutney – in Chennai habe ich Zitronenreis mit Kokos-Chutney gegessen. Zitronenreis ist sehr einfach zuzubereiten und im Handumdrehen fertig – ideal für eine schnelle Mahlzeit.

- 1 EL Sonnenblumenöl
- 1 ½ TL schwarze Senfkörner
- 1 ½ TL gespaltene schwarze Linsen (Urad Dal)
- 1 ½ TL gespaltene Kichererbsen (Chana Dal)
- 4 getrocknete rote Chilischoten
- 1 TL Salz
- 1 TL gemahlene Kurkuma
- 400 g weißer Basmatireis
- 1 l kochendes Wasser
- 3 EL Zitronensaft

Zum Servieren (nach Belieben)

Sambar (siehe Seite 33)
Kokos-Chutney (siehe Seite 221) oder Koriander-Spinat-Chutney (siehe Seite 228)

Das Öl in einem weiten Topf erhitzen und die Senfkörner, die Linsen, die Kichererbsen und die getrockneten Chilis darin bei mittlerer Temperatur etwa 1 Minute anrösten, bis sie anfangen zu knistern. Zunächst das Salz und die Kurkuma unterrühren und anschließend den Reis zugeben. Alles zusammen gründlich vermischen.

Langsam 1 l Wasser unterrühren und bei geschlossenem Deckel 12 Minuten bei niedriger Temperatur köcheln lassen, bis der Reis gar ist. Anschließend den Zitronensaft unterrühren. Heiß servieren und nach Belieben Sambar und Kokos-Chutney oder Koriander-Spinat-Chutney dazu reichen.

Für 4 Personen

Süßes Pongal

In Südindien stellt dieses Dessert einen traditionellen Bestandteil der Mahlzeit dar, insbesondere an Festtagen, aber man findet es auch in der Straßenküche Chennais. Die Kombination aus den wunderbaren Aromen von Reis und Mungbohnen mit Jaggery (unraffinierter Rohrzucker) und Trockenfrüchten mag zwar ungewöhnlich erscheinen, schmeckt aber unvergleichlich gut.

100 g Langkornreis
50 g gespaltene gelbe Mungbohnen (Mung Dal)
2 EL Ghee (geklärte Butter)
40 g Cashewkerne
40 g Rosinen
100 g Jaggery
½ TL gemahlener Kardamom

Den Reis und die Mungbohnen mit 800 ml in einem Topf 30 Minuten einweichen. In dieser Zeit nehmen die Mungbohnen und der Reis das gesamte Wasser auf. Anschließend aufkochen lassen und bei niedriger Temperatur 30–35 Minuten garen, bis beides sehr weich ist. Den Reis und die Mungbohnen im Topf mit einem Kartoffelstampfer grob zerstampfen, sodass sich beides gut vermischt.

Das Ghee in einem kleinen Topf auf mittlerer Stufe erhitzen und die Cashewkerne und Rosinen darin ein paar Minuten anbraten, bis sie sich leicht verfärben. Zur Reis-Mungbohnen-Mischung geben und alles gründlich verrühren.

Den kleinen Topf wieder erhitzen und darin das Jaggery sowie 100 ml Wasser köcheln lassen, bis der Zucker sich aufgelöst hat. Die Karamellflüssigkeit durch ein feines Sieb auf die Reis-Mungbohnen-Mischung abseihen, mit dem Kardamompulver bestreuen und gut verrühren. Den Topf auf den Herd stellen und bei mittlerer Temperatur 5 Minuten köcheln lassen, bis alles gut durchgezogen ist. Warm servieren.

KOLKATA

Immer, wenn ich in Kolkata bin, würde ich gern eine Reise in die Vergangenheit unternehmen. Es wäre fantastisch zu sehen, wie man früher in dieser Stadt mit ihrer wunderschönen Architektur gelebt hat. Die eindrucksvollen, farbenprächtigen Gebäude stehen wie ein Bollwerk im Herzen der Stadt, inmitten des tosenden Verkehrs und chaotischen Treibens.

Kolkata ist eine pulsierende Stadt und ganz anders als jede Stadt, die ich je besucht habe. Das Streetfood dort hat eine eigene Seele. Während Pav Bhaji, Samosa und Kachori im ganzen Land Berühmtheit erlangt haben, bleiben die meisten Gerichte der Straßenküche hier ihren bengalischen Wurzeln treu – genau das, was ich an dieser Stadt so liebe. Sie sind so stolz auf ihre Gerichte – und das sollten sie auch sein, weil sie wirklich unglaublich sind!

Ich habe in den Straßen Kolkatas schon alles gegessen, von Snacks bis hin zu vollständigen Mahlzeiten, und ich liebe das geschäftige Treiben zur Mittagszeit, wenn alle erwartungsvoll zu ihren Lieblingsständen eilen. Man trifft dort Menschen aller Bevölkerungsschichten, die ihr Essen genießen.

In den Straßen wird eine breite Palette von thali angeboten – das sind Mahlzeiten auf einem Tablett aus regional unterschiedlichen Bestandteilen. Fisch ist das Highlight der meisten Thalis, aber auch einfache Kartoffelgerichte, Hülsenfrüchte und Fleisch- oder Fischbällchen gehören dazu, sodass sie zu köstlichen vollständigen Mahlzeiten werden, von denen viele auf Tellern aus Blättern serviert werden.

Kolkata ist berühmt für sein chaat, seine unwiderstehlichen Puchkas (auch bekannt als Pani Puri) und seinen Jhal Muri (gewürzter Puffreis), die allesamt leckere leichte Snacks abgeben. Außerdem gibt es viele verschiedene Sorten von Hülsenfrüchten, die in Vadas, Chillas, Dals mit Reis und anderen Gerichten Verwendung finden.

Gibt man zu dieser Mischung die herrlichen Bauwerke, die farbenfrohe Kleidung und die roten und weißen Armreifen (genannt shakha pola) der Damen, wird einem schnell klar, dass es inmitten all des verrückten Chaos sehr einfach ist, Kolkata zu lieben.

Für 4 Personen

KICHERERBSEN-CURRY *mit Panir und Kartoffeln*

Weich gekochte Kartoffeln und Panirwürfel nehmen die würzigen Aromen der Sauce in diesem leckeren, leichten Curry auf, während die Kichererbsen eine angenehme Textur beisteuern. Dieses Gericht ist in Kolkata äußerst beliebt und schmeckt am besten mit weichen Kachoris. Wer eine gesündere Version bevorzugt, reicht einfach Reis oder Chapatis dazu.

2 EL Sonnenblumenöl
2 Zwiebeln, grob gehackt
4 Tomaten, grob gehackt
1 kleine grüne Chilischote, gehackt
2 Knoblauchzehen, gehackt
1 Stück Ingwer (2,5 cm) Ingwer, geschält und gehackt
1 Zimtstange
1 ½ TL Salz
1 TL Kristallzucker
2 TL Garam Masala
½ TL gemahlene Kurkuma
½ TL Chilipulver
100 g Panir, gewürfelt
2 mehligkochende Kartoffeln, gegart, gepellt und gewürfelt
1 Dose (400 g) Kichererbsen
weiche Kachoris (siehe Seite 62), Reis oder Chapatis, zum Servieren

In einem Topf 1 EL Öl bei mittlerer Temperatur erhitzen. Die Zwiebeln, die Tomaten, die Chilischote, den Knoblauch und den Ingwer zugeben und 10 Minuten garen, bis alles weich ist.

Die Mischung in einem Standmixer oder einer Küchenmaschine mit 100 ml Wasser zu einer glatten Paste verarbeiten.

Das restliche Öl in einem Topf bei mittlerer Temperatur erhitzen. Die Zimtstange zugeben und einige Sekunden rösten, dann die Zwiebel und die Tomatenpaste zugeben. Den Deckel auflegen und bei niedriger Temperatur 10–15 Minuten köcheln lassen.

Das Salz, den Zucker, die Gewürze und 100 ml Wasser in den Topf geben und alles gründlich verrühren. Die Panierwürfel, die Kartoffeln und die Kichererbsen mit ihrer Flüssigkeit aus der Dose zugeben. Den Deckel auflegen und 10 Minuten weitergaren, bis die Sauce sämig wird. Das Curry heiß mit weichen Kachoris, Reis oder Chapatis servieren.

Ergibt 8 Stück

WEICHE Kachoris

Viele kennen Kachoris als kleine knusprige Teigtaschen, aber es gibt auch eine weiche Version, die in Kolkata sehr beliebt ist. Sie werden dort zu jeder Tageszeit mit Kichererbsen-Curry, Panir und Hähnchen-Curry (siehe Seite 87) gegessen, schmecken aber auch einfach so ausgezeichnet. (Das Foto sehen Sie auf Seite 61.)

Für den Teig
200 g Weizenmehl Type 405
½ TL Salz
4 EL Sonnenblumenöl

Für die Füllung
125 g gespaltene schwarze Linsen (Urad Dal)
200 ml kochendes Wasser
40 g Hartweizengrieß
½ TL Backpulver
1 Prise Asafoetida (Asant)
¼ TL Salz
½ TL Kreuzkümmelsamen
½ TL Ajowan (Königskümmel)

Sonnenblumenöl zum Frittieren

Für den Teig das Mehl mit dem Salz in einer Schüssel vermischen, dann das Öl unterrühren. Nacheinander maximal 6 EL Wasser einrühren, sodass ein weicher Knetteig entsteht. Den Teig in eine Schüssel geben, mit Frischhaltefolie abdecken und ruhen lassen, bis die Füllung fertig ist.

Für die Füllung die Linsen in eine Schüssel geben, 200 ml kochendes Wasser zugießen und 30 Minuten einweichen. Danach die Linsen mit dem Einweichwasser in einer Küchenmaschine oder einem Standmixer grob zerkleinern. Die restlichen Zutaten für die Füllung zugeben und alles gründlich vermischen.

Sowohl den Teig als auch die Füllung in 8 gleich große Portionen aufteilen und jede Teigportion zu einem Fladen von 5–8 cm Durchmesser ausrollen. Mit einem Löffel 1 Portion der Füllung in die Mitte eines Teigfladens geben, dann die Teigränder über der Füllung oben zusammenfügen und fest verschließen. Diese Teigtasche behutsam zu einem Kreis von 7–10 cm Durchmesser flach drücken oder ausrollen. Mit den übrigen Teigfladen und der restlichen Füllung ebenso verfahren.

In einer Fritteuse oder einem hohen Topf ausreichend Öl auf 190 °C erhitzen (der Topf sollte nur bis zu einem Drittel gefüllt sein). Die Kachoris einzeln von jeder Seite 2–3 Minuten goldbraun frittieren. Heiß servieren.

Für 4 Personen

Chana Dal mit LUCHIS

Meine Jugendfreundin Sujana, die in Kolkata lebt, hat dieses Gericht für mich gekocht, als ich bei ihr zu Besuch war. Es ist eine großartige Kombination aus frittierten Ballonbroten und mit Kokosnuss gegarten Hülsenfrüchten. In Kolkata werde Luchis frisch frittiert und dampfend heiß serviert. (Das Foto sehen Sie auf Seite 65.)

Für das Dal
400 g gespaltene Kichererbsen (Chana Dal)
2 TL Salz
½ TL gemahlene Kurkuma
1 EL Sonnenblumenöl oder Pflanzenöl
1 Zimtstange
1 Lorbeerblatt
½ TL Chilipulver
1 Teelöffel Kreuzkümmelsamen
1 TL Senfkörner
6 EL frisch geraspelte Kokosnuss oder getrocknete Kokosraspel, etwas mehr zum Garnieren

Für die Luchis
400 g Weizenmehl Type 405, plus etwas extra zum Bestäuben
Sonnenblumenöl zum Frittieren

Tomaten-Dattel-Chutney (siehe Seite 220), zum Anrichten

Die gespaltenen Kichererbsen, das Wasser, das Salz und die Kurkuma in einen hohen Topf geben und etwa 1 Stunde köcheln lassen, bis die Kichererbsen vollständig gar sind.

In der Zwischenzeit die Luchis zubereiten. Das Weizenmehl in eine Schüssel sieben und nach und nach gerade so viel von 150 ml warmem Wasser (oder etwas mehr, falls erforderlich) zugeben, dass ein weicher Knetteig entsteht. Den Teig auf einer mit Mehl bestäubten Arbeitsfläche 2 Minuten durchkneten. Dann den Teig in eine Schüssel legen, mit einem Geschirrtuch bedecken und mindestens 15 Minuten ruhen lassen.

Wenn die Kichererbsen gar sind, das Öl in einem großen Topf erhitzen. Die Zimtstange, das Lorbeerblatt, das Chilipulver, die Kreuzkümmelsamen und die Senfkörner zufügen und 1 Minute anbraten, bis die Gewürze anfangen zu knistern. Die Kokosraspel zugeben und 1 Minute mitgaren, dann die gegarten Kichererbsen dazugeben. Alles gründlich vermischen und zum Kochen bringen. Das Dal bis zum Verzehr auf niedriger Stufe warm halten.

In einer Fritteuse oder einem hohen Topf ausreichend Öl auf 180 °C erhitzen (der Topf sollte nur bis zu einem Drittel gefüllt sein). Einen Teller mit Küchenpapier auslegen.

Den Teig in Portionen von der Größe einer kleinen Limette aufteilen. Auf einer leicht mit Mehl bestäubten Arbeitsfläche zu runden Fladen von 8 cm Durchmesser ausrollen. Die Teigfladen einzeln bei mittlerer Temperatur 2 Minuten goldbraun frittieren, währenddessen einmal wenden. Die Luchis auf dem mit Küchenpapier ausgelegten Teller abtropfen lassen.

Das Dal mit einigen Kokosraspeln garnieren und mit den heißen Luchis sowie dem Tomaten-Dattel-Chutney servieren.

SURAVI 55

Für 4 Personen

Mung Dal mit CASHEWKERNEN

Dieses außergewöhnliche Mungbohnengericht aus Kolkata wird völlig anders zubereitet als das Mung Dal, das ich für gewöhnlich koche. Ich wollte unbedingt lernen, wie es zubereitet wird, weil es mir in Kolkata einmal in einem Thali mit Reis und frittiertem Fisch so gut geschmeckt hatte. Servieren Sie dieses Gericht heiß mit Reis und frittiertem Fisch (siehe Seite 78) oder genießen Sie es einfach so als Suppe.

300 g gespaltene gelbe Mungbohnen (Mung Dal)
1 TL Salz
½ TL gemahlene Kurkuma
40 g Cashewkerne
1 EL Ghee (geklärte Butter)
1 TL Kreuzkümmelsamen
1 Stück Ingwer (2,5 cm), geschält und fein gehackt
1 Tomate, fein gehackt
1 kleine grüne Chilischote, fein gehackt
1 Handvoll frische Korianderblätter, fein gehackt

Die Mungbohnen mit 1,4 l Wasser, dem Salz und der Kurkuma in einen Topf geben. Aufkochen und dann etwa 25–30 Minuten köcheln lassen, bis die Linsen gar sind.

In der Zwischenzeit die Cashewkerne in einer Schüssel mit warmem Wasser 30 Minuten einweichen.

Das Ghee in einer Pfanne bei mittlerer Temperatur erhitzen. Die Kreuzkümmelsamen zugeben und, wenn sie anfangen zu knistern, den Ingwer zufügen. Die Cashewkerne abgießen, zu dem Ingwer geben und 2 Minuten goldgelb anbraten. Die Tomate und den Chili zufügen und 2–3 Minuten mitgaren, bis sie weich sind. Die Korianderblätter unterheben.

Den Inhalt der Pfanne auf das gegarte Dal geben und alles gründlich vermengen. Sofort servieren.

Ergibt 4 Portionen

Baigan Bhaja

Diese Pakoras werden zwar nur mit Salz, Kurkuma und Chili gewürzt, schmecken aber unglaublich gut. Das ist zweifellos auf die herrlich zarten Auberginen in ihrer knusprigen, leckeren Panade zurückzuführen. Reichen Sie dazu Koriander-Spinat-Chutney oder Tomaten-Chutney.

1 Aubergine
½ TL Salz
½ TL Chilipulver
Sonnenblumenöl zum Frittieren
flockiges Meersalz (z. B. Fleur de Sel)
Koriander-Spinat-Chutney (siehe Seite 228) und/oder Tomaten-Chutney (siehe Seite 225), zum Servieren

Für den Teig
150 g Kichererbsenmehl
¾ TL Salz
½ TL Chilipulver
½ TL gemahlene Kurkuma

Die Aubergine längs in feine Scheiben (nicht dicker als 5 mm) schneiden. Das Auberginenfleisch mit dem Salz und dem Chilipulver einreiben und 10 Minuten ziehen lassen. (Das trägt dazu bei, dem Auberginenfleisch Feuchtigkeit zu entziehen.)

Für den Teig das Kichererbsenmehl, das Salz und die Gewürze in einer Schüssel vermischen und nach und nach gerade so viel von 300 ml Wasser zugeben, dass ein glatter, dünnflüssiger Teig entsteht.

In einer Fritteuse oder einem hohen Topf ausreichend Öl auf 190 °C erhitzen (der Topf sollte nur bis zu einem Drittel gefüllt sein). Einen Teller mit Küchenpapier auslegen. Die Auberginenscheiben einzeln nacheinander zwischen 2 Lagen Küchenpapier legen und trocken tupfen, dann die Scheibe in dem Teig wenden, abtropfen lassen und im heißen Öl von jeder Seite 1 Minute goldbraun und knusprig frittieren. Auf dem Küchenpapier abtropfen lassen, während die restlichen Auberginenscheiben frittiert werden. Mit flockigem Meersalz bestreuen und heiß mit einem Chutney Ihrer Wahl servieren.

Ergibt etwa 12 Stück

Pantaras

Bevor ich nach Kolkata kam, hatte ich noch nie von Pantaras gehört, entdeckte sie aber dann an Straßenständen, wo sie für den Ansturm zur Mittagszeit mit unglaublicher Geschwindigkeit gerollt wurden. Diese Pantaras hier sind mit Hähnchenfleisch gefüllt, aber man kann sie nach Belieben auch mit anderem Hackfleisch füllen.

Für die Pfannkuchen
150 g Weizenmehl Type 405
1 TL gemahlene Kurkuma
½ TL Salz
2 große Eier

Für die Füllung
1 EL Sonnenblumenöl
1 Lorbeerblatt
4 Gewürznelken
2 grüne Kardamomkapseln
1 kleine Zimtstange
1 Zwiebel, fein gehackt
1 Karotte, fein gehackt
1 grüne Paprikaschote, fein gehackt
300 g Hähnchenhackfleisch
½ TL Salz
½ TL Chilipulver

1 EL Speisestärke
Sonnenblumenöl zum Frittieren
Szechuan-Sauce (siehe Seite 224) oder Koriander-Spinat-Chutney (siehe Seite 228), zum Servieren

Für die Pfannkuchen das Mehl, die Kurkuma und das Salz in einer Rührschüssel vermischen. Die Eier und 300 ml Wasser zugeben und alles zu einem glatten Teig verquirlen. Eine beschichtete Pfanne bei niedriger Temperatur erhitzen. 50 ml Teig in die Pfanne geben und schnell zu einem sehr dünnen Pfannkuchen ausstreichen. Von jeder Seite 20 Sekunden backen, dann auf einen Teller legen. Aus dem restlichen Teig auf dieselbe Weise etwa 12 Pfannkuchen backen.

Für die Füllung das Öl in einem weiten Topf erhitzen und das Lorbeerblatt, den Kardamom und den Zimt darin einige Sekunden anbraten. Die Zwiebel zugeben und etwa 5 Minuten weich garen. Die Karotte und den Pfeffer unterheben und etwa 1 Minute weitergaren, bis sich alles verbunden hat. Das Hähnchenhackfleisch mit dem Salz und dem Chilipulver einrühren und 10 Minuten mitbraten, bis das Fleisch gar ist. Leicht abkühlen lassen.

In einer kleinen Schüssel die Speisestärke mit 2 EL kaltem Wasser zu einer dünnflüssigen Paste verrühren. 1 Pfannkuchen auf die Arbeitsfläche legen. 1 ½ EL der Hähnchenfleischmischung einige Zentimeter vom unteren Rand entfernt auf den Pfannkuchen legen. Die beiden Seiten nach innen einschlagen. Ein wenig Stärkemehlpaste auf den oberen Rand des Pfannkuchens streichen, dann den unteren Rand über die Füllung zur Mitte falten und das Ganze wie eine Zigarre von unten aufrollen. Mit den übrigen Zutaten ebenso verfahren.

In einer Fritteuse oder einem Topf mit schwerem Boden ausreichend Öl zum Frittieren auf 190 °C erhitzen. Einen Teller mit Küchenpapier auslegen. Die Rollen in kleinen Portionen von jeder Seite 2 Minuten knusprig und goldbraun frittieren. Auf dem Küchenpapier abtropfen lassen, während die übrigen Rollen frittiert werden. Heiß mit Szechuan-Sauce oder Koriander-Spinat-Chutney servieren.

Für 4 Personen

Alu Bhate

Dieses schlichte Sabji (Gemüsegericht) aus Kartoffeln ist typisch für die Thalis in Kolkata und wird hier üblicherweise mit Mussori Dal, frittiertem Fisch und Reis serviert. Da Senföl in dieser Region häufiger zum Kochen verwendet wird als anderswo, prägt sein unverwechselbarer Geschmack auch die Gerichte dieser Küche. Jeder hat seine ganz persönliche Version dieses Rezepts – der eine gibt mehr Tomaten hinzu, der andere lässt die Zwiebel oder die Kurkuma weg und wieder andere fügen mehr Flüssigkeit zu, sodass das Gericht mehr einem Curry gleicht … Wenn Sie kein vollständiges Thali zubereiten möchten, können Sie dieses Gericht auch zu einem beliebigen Puri oder Kachori servieren. (Das Foto sehen Sie auf Seite 76–77.)

1 EL Senföl
1 Zwiebel, fein gehackt
1 TL Salz
½ TL Chilipulver
½ TL gemahlene Kurkuma
4 mehligkochende Kartoffeln, gegart, gepellt und zerstampft

Das Öl in einem großen Topf bei mittlerer Temperatur erhitzen und die Zwiebeln darin etwa 5 Minuten glasig anschwitzen. Das Salz, das Chilipulver, die Kurkuma und 2–3 EL Wasser unterrühren und 1 Minute köcheln, bis sich alles gut vermischt hat.

Das Kartoffelpüree in den Topf geben, alles sorgfältig vermengen und sofort servieren.

Für 4 Personen

Mussori Dal

Die Kombination aus Masoor Dal und Toor Dal ist so einfach und dabei doch so lecker. Dieses Gericht wird in den Straßen Kolkatas meistens als Bestandteil eines Thalis serviert, begleitet von Alu Bhate, Reis und frittiertem Fisch, schmeckt aber auch einfach so als Suppe ausgezeichnet. (Das Foto sehen Sie auf Seite 76–77.)

150 g gespaltene Straucherbsen (Toor Dal)
150 g rote Linsen (Masoor Dal)
½ TL gemahlene Kurkuma
1 TL Salz
400 ml kochendes Wasser
1 EL Sonnenblumenöl
1 TL Schwarzkümmelsamen (Kalonji)
1 kleine grüne Chilischote, fein gehackt
1 Tomate, fein gehackt
½ TL Chilipulver

Die gespaltenen Straucherbsen und die Linsen mit der Kurkuma, dem Salz und 800 ml kaltem Wasser in einen Topf geben. Zum Kochen bringen, dann die Temperatur reduzieren und in 30 Minuten gar köcheln. 400 ml kochendes Wasser in den Topf gießen und alles sorgfältig verrühren.

Das Öl in einer kleinen Pfanne bei mittlerer Temperatur erhitzen und den Schwarzkümmel darin kurz anrösten. Wenn die Samen anfangen zu knistern, die grüne Chilischote und die Tomate zugeben und 2 Minuten mitgaren, bis die Tomate beginnt, weich zu werden.

Zum Schluss das Chilipulver einrühren und diese aromatische Mischung – eine Zubereitungsart, die Tadka genannt wird – in das gegarte Dal geben. Alles gut vermischen und sofort servieren.

Für 2–4 Portionen

Frittierter Fisch

Dieser knusprig frittierte, schmackhafte Fisch gehört in Kolkata zu den Standardgerichten. Er wird dort als Hauptbestandteil eines Thali mit Hülsenfrüchten, Kartoffeln und Reis als Hauptmahlzeit verzehrt, gibt aber auch einen großartigen Imbiss ab. Koriander und Knoblauch runden den pfeffrigen Geschmack des Senföls ab, in dem der Fisch frittiert wird. **(Das Foto sehen Sie auf Seite 76–77.)**

- ½ TL Salz
- ½ TL gemahlene Kurkuma
- ¼ TL Chilipulver
- 1 mittelgroße Seebrasse, geputzt, ausgenommen und in 6 Stücke geschnitten
- 2 Handvoll frische Korianderblätter, fein gehackt
- 4 Knoblauchzehen, fein gehackt
- 2 kleine grüne Chilischoten, fein gehackt
- 4 EL Senföl
- 2 EL Zitronensaft

In einer kleinen Schüssel das Salz, die Kurkuma und das Chilipulver vermischen, die Fischteile mit dieser Gewürzmischung einreiben und anschließend in einer Schüssel 15 Minuten ziehen lassen.

Den Koriander, den Knoblauch und die grünen Chilischoten in einem Mörser zu einer Paste zerreiben. Den Fisch mit der Paste einreiben.

Das Senföl in einer Pfanne bei mittlerer Temperatur erhitzen. Wenn das Öl gerade eben raucht, die Fischteile zugeben und von jeder Seite 2–3 Minuten goldgelb und knusprig braten. Den Zitronensaft darüberträufeln und sofort servieren.

Ergibt 20 Stück

Hähnchenfleisch-Bällchen

Diese köstlichen scharfen Häppchen haben mir in Kolkata immer sehr gut geschmeckt. Besonders fasziniert hat mich dabei, dass die Köche die Bällchen je nach Zutat auch anders geformt haben – Bällchen aus Eiern sind oval, die aus Fisch zylindrisch und die aus Hähnchenfleisch flach. Auf diese Weise kann man sie problemlos unterscheiden.

1 EL Sonnenblumenöl
1 Zwiebel, fein gehackt
1 kleine grüne Chilischote, fein gehackt
2 Knoblauchzehen, fein gehackt
1 Stück Ingwer (2,5 cm), geschält und fein gehackt
1 TL Salz
½ TL gemahlene Koriandersamen
½ TL gemahlener Kreuzkümmel
1 TL Garam Masala
500 g Hähnchenhackfleisch
2 mehligkochende Kartoffeln, gegart, gepellt und zerstampft
1 Handvoll frische Korianderblätter, fein gehackt
2 Eier, leicht verquirlt
100 g Paniermehl
Sonnenblumenöl zum Frittieren
Koriander-Spinat-Chutney (siehe Seite 228) oder Tomaten-Chutney (siehe Seite 225), zum Servieren

Das Sonnenblumenöl in einem Topf bei mittlerer Temperatur erhitzen. Die Zwiebel und den Chili darin 5 Minuten anbraten, bis die Zwiebel weich ist. Den Knoblauch und den Ingwer zugeben und 2 Minuten mitbraten, dann das Salz und die Gewürze zugeben und alles gründlich vermischen. Das Hähnchenhackfleisch einrühren und den Topf sofort von der Kochstelle nehmen – das Fleisch soll zu diesem Zeitpunkt nicht durchgegart sein, weil es dann nicht mehr gut bindet.

Die Fleischmischung in eine Schüssel geben. Die zerdrückten Kartoffeln und die Korianderbätter zufügen und alles sorgfältig vermischen.

Die Fleischmischung in 20 Portionen aufteilen und jede Portion auf der Handfläche zu einem ovalen Bratling formen und leicht flach drücken.

Den Bratling zuerst in dem verquirlten Ei, dann in dem Paniermehl wenden. Mit den übrigen Bratlingen ebenso verfahren.

In einer Fritteuse oder einem schweren Topf ausreichend Öl zum Frittieren langsam auf 190 °C erhitzen (der Topf sollte nur bis zu einem Drittel gefüllt sein). Einen Teller mit Küchenpapier auslegen. Wenn das Öl heiß ist, die Hähnchen-Bällchen darin portionsweise 2–3 Minuten goldgelb frittieren, dabei nach der Hälfte der Zeit wenden. Auf dem Küchenpapier abtropfen lassen, während die restlichen Hähnchen-Bällchen frittiert werden. Die Bällchen heiß mit Chutney servieren.

Ergibt 15 Stück

Fisch-Bällchen

Diese köstlichen Fisch-Bällchen aus den Straßen Kolkatas können heiß oder kalt mit verschiedenen Chutneys serviert werden. Wenn Sie es gern scharf mögen, probieren Sie dazu die Szechuan-Sauce, milder ist das Koriander-Spinat-Chutney.

3 große Eier
300 g Kabeljaufilet (ohne Haut)
1 Zwiebel, fein gehackt
1 Handvoll frische Korianderblätter, fein gehackt
2 Knoblauchzehen, fein gehackt
2 kleine grüne Chilischoten, fein gehackt
½ TL Salz
Sonnenblumenöl zum Frittieren
flockiges Meersalz (z. B. Fleur de Sel)
Szechuan-Sauce (siehe Seite 224) oder Koriander-Spinat-Chutney (siehe Seite 228), zum Servieren

Für die Panade
2 Eier, leicht verquirlt
100 g Paniermehl

Die 3 Eier in einem kleinen Topf mit Wasser zugedeckt 10 Minuten kochen. Abgießen und abkühlen lassen, dann die Eier pellen und in einer Schüssel mit einer Gabel zerdrücken.

Den Kabeljau in einer Küchenmaschine zu einer groben Paste verarbeiten. Den Fisch mit der Zwiebel, dem Koriander, dem Knoblauch, den Chilis und dem Salz zu den zerdrückten Eiern geben. Alles gründlich vermischen, sodass die Aromen sich verbinden.

Aus der Mischung 15 Kugeln von der Größe einer kleinen Zitrone formen, dann leicht flach drücken. Die Bratlinge nacheinander zuerst in dem verquirlten Ei, dann in dem Paniermehl wenden.

In einer Fritteuse oder einem hohen Topf ausreichend Öl auf 170–180 °C erhitzen (der Topf sollte nur bis zu einem Drittel gefüllt sein). Einen Teller mit Küchenpapier auslegen. Die Bratlinge in kleinen Portionen von jeder Seite 2 Minuten knusprig goldbraun frittieren. Auf dem Küchenpapier abtropfen lassen, während die restlichen Bällchen frittiert werden.

Mit flockigem Meersalz bestreuen und warm mit einem Chutney Ihrer Wahl servieren.

Ergibt 8 Stück

Ei-Bällchen

Man kann sich diese Bällchen als eine indische Variante schottischer Eier vorstellen – statt mit Wurstbrät werden die hart gekochten Eier hier mit einer würzigen Kartoffelmischung umhüllt, dann in Paniermehl gewendet und frittiert. Diese knusprig leckeren kleinen Happen sind in den Straßen Kolkatas sehr beliebt. Genießen Sie sie mit einem grünen oder roten Chutney Ihrer Wahl.

4 große Eier
1 EL Sonnenblumenöl
1 TL Kreuzkümmelsamen
1 kleine grüne Chilischote, fein gehackt
1 Zwiebel, fein gehackt
1 Stück Ingwer (2,5 cm), geschält und fein gehackt
2 Knoblauchzehen, fein gehackt
½ TL Salz
½ TL Chilipulver
1 TL Garam Masala
4 mehligkochende Kartoffeln, gegart, gepellt und zerstampft
Sonnenblumenöl zum Frittieren
flockiges Meersalz (z. B. Fleur de Sel)
grünes oder rotes Chutney nach Wahl, zum Servieren

Für die Panade
1 Ei, leicht verquirlt
100 g Paniermehl

Die Eier 12 Minuten kochen, dann abgießen und zum Abkühlen beiseitestellen.

Das Sonnenblumenöl in einem großen Topf bei mittlerer Temperatur erhitzen. Die Kreuzkümmelsamen zugeben und, wenn sie anfangen zu knistern, die grüne Chilischote und die Zwiebel zugeben und 5 Minuten mitbraten, bis die Zwiebel weich wird. Den Ingwer und den Knoblauch zufügen und 1 Minute mitgaren, bis sie duften, dann das Salz, das Chilipulver und das Garam Masala zugeben. Alles sorgfältig verrühren, dann die zerstampften Kartoffeln unterheben, die Mischung in eine Schüssel geben und zum Abkühlen beiseitestellen.

Die abgekühlte Kartoffelmischung in 8 gleich große Portionen aufteilen. Die Eier pellen und längs halbieren. Jede Eihälfte rundum gleichmäßig mit einer Portion der Kartoffelmischung umhüllen und zu einem Bällchen formen. Dann jedes umhüllte Ei zuerst in dem verquirlten Ei, dann in dem Paniermehl sorgfältig von allen Seiten wenden.

In einer Fritteuse oder einem hohen Topf ausreichend Öl auf 190 °C erhitzen (der Topf sollte nur bis zu einem Drittel gefüllt sein) – die richtige Temperatur ist hier wichtig, da die umhüllten Eier auseinanderbrechen würden, wenn sie zu niedrig ist. Einen Teller mit Küchenpapier auslegen. Die Ei-Bällchen einzeln unter vorsichtigem Wenden in dem heißen Öl etwa 3–4 Minuten frittieren, bis ihre Hülle goldbraun ist. Auf dem Küchenpapier abtropfen lassen, während die restlichen Ei-Bällchen frittiert werden. Mit flockigem Meersalz bestreuen und heiß mit einem Chutney Ihrer Wahl servieren.

Für 4 Personen

Hähnchen-Eintopf

Dieses leichte und doch sättigende Gericht ist in den Straßen Kolkatas als chicken ishtup bekannt und wird hier als Mittagessen sehr geschätzt. Die Zubereitung in der eigenen Küche ist völlig unkompliziert und außerdem schmeckt es einfach rundum gut.

2 EL Sonnenblumenöl
4 Hähnchenschenkel (ohne Haut)
4 Knoblauchzehen, fein gehackt
1 Stück Ingwer (2,5 cm), geschält und fein gehackt
2 Zwiebeln, fein gehackt
6 EL frisch geriebene Kokosnuss
1 l kochendes Wasser
1 ½ TL Salz
½ TL gemahlene Kurkuma
2 Karotten, gewürfelt
2 mehligkochende Kartoffeln, geschält und gewürfelt
1 EL Weizenmehl Type 405
½ TL frisch gemahlener schwarzer Pfeffer

Das Öl in einem weiten Topf bei hoher Temperatur erhitzen. Die Hähnchenschenkel einzeln und nacheinander etwa 5–10 Minuten braten und währenddessen wenden, bis sie rundum schön goldgelb sind. Beiseitestellen.

In demselben Topf den Knoblauch, den Ingwer und die Zwiebeln bei mittlerer Temperatur 2 Minuten braten, bis die Zwiebel weich wird. Dann die Kokosnuss zufügen und das Fleisch zurück in den Topf geben. 1 l kochendes Wasser zugießen und dann das Salz und die Kurkuma zufügen. Alles gut vermischen und mit geschlossenem Deckel 40 Minuten bei niedriger Temperatur köcheln lassen, bis das Hähnchenfleisch gar ist.

Die gewürfelten Karotten und Kartoffeln in den Topf geben, den Deckel auflegen und in weiteren 15 Minuten weich garen.

Das Mehl mit etwa 4–5 EL der Flüssigkeit aus dem Topf in einer kleinen Schüssel zu einer glatten Paste anrühren. Diese Paste in den Eintopf rühren, dann zum Kochen bringen und bei hoher Temperatur 2 Minuten leicht eindicken lassen. Den Pfeffer darüberstreuen und so heiß wie möglich servieren.

Ergibt 6 Stück

Ei-Kathi-FLADENBROT

In Kolkata werden diese scharfen Fladenbrote, die an Tortilla-Wraps erinnern, frittiert zubereitet. Mir ging es in diesem Rezept um eine gesündere Variante, die aber nicht weniger gut schmeckt – keine leichte Aufgabe! Aber das Ergebnis ist leichter, frischer und sehr sättigend. (Das Foto sehen Sie auf Seite 90–91.)

Für die Fladenbrote

100 g Weizenmehl Type 405, etwas mehr zum Bestäuben
50 g Atta-Mehl
6 Eier
12 TL Sonnenblumenöl

Für die Füllung

1 EL Sonnenblumenöl
5 Zwiebeln, 4 davon in feine Ringe geschnitten, 1 fein gehackt
1 grüne Chilischote, fein gehackt
¼ TL Salz
¼ TL Chaat Masala (siehe Seite 230)
Chili-Knoblauch-Chutney (siehe Seite 229)
1 Handvoll frische Korianderblätter, fein gehackt

Für die Fladenbrote die beiden Mehlsorten in eine Schüssel geben. Langsam gerade so viel von 6 EL Wasser (gegebenenfalls auch mehr) zugeben, bis ein weicher Knetteig entsteht. Den Teig auf einer leicht mit Mehl bestaubten Arbeitsfläche 2 Minuten durchkneten. Dann den Teig in einer mit Frischhaltefolie abgedeckten Schüssel mindestens 15 Minuten ruhen lassen.

Für die Füllung das Öl in einer Pfanne bei mittlerer Temperatur erhitzen. Die Zwiebelringe zugeben und unter gelegentlichem Umrühren etwa 10 Minuten goldbraun braten. Die Chilischote, das Salz und das Chaat Masala einrühren, dann beiseitestellen.

Für die Fladenbrote eine Pfanne auf mittlerer Stufe erhitzen. Den Teig in 6 gleich große Portionen teilen. Jede Teigportion zu einem Kreis von etwa 17–18 cm Durchmesser ausrollen. Den ersten Teigfladen in der heißen Pfanne von jeder Seite 1 Minute backen, bis er die Farbe verändert. Ein Ei in einer Schüssel verquirlen und auf das Fladenbrot gießen. Wenden und 1 TL Öl um den Rand des Fladenbrots träufeln. Etwa 2 Minuten garen, bis das Ei fertig ist, dann erneut wenden, 1 weiteren TL Öl um den Rand des Fladenbrots träufeln und erneut 2 Minuten backen, bis es goldgelb ist.

Das gebackene Fladenbrot mit Ei auf eine Servierplatte legen. Mit einem Löffel etwas von der würzigen Zwiebelmischung darauf verteilen. Mit etwas Chili-Knoblauch-Chutney beträufeln, dann einige rohe, gehackte Zwiebeln und etwas Koriander darübergeben. Das Fladenbrot aufrollen und servieren. Mit den übrigen Teigfladen und der restlichen Füllung ebenso verfahren.

Atta-Mehl = Vollkornweizenmehl zur Herstellung von Chapati, Roti, Naan

Ergibt 6 Stück

Hähnchenfleisch-Kathi mit Fladenbrot

Diese würzigen, leckeren Fladenbrote, die ursprünglich aus Kolkata stammen, sind heute überall in Indien zu finden. Das Hähnchenfleisch kann gegrillt, gebraten oder gebacken werden. (Das Foto sehen Sie auf Seite 90–91.)

Für die Fladenbrote
100 g Weizenmehl Type 405, plus etwas extra zum Bestauben
50 g Atta-Mehl
12 TL Sonnenblumenöl

Für die Füllung
50 g Naturjoghurt (ca. 3,5 % Fettgehalt)
½ TL Salz
½ TL Chilipulver
½ TL Garam Masala
½ TL gemahlene Kurkuma
½ TL gemahlener Kreuzkümmel
300 g Hähnchenbrustfilet, in 1 cm große Würfel geschnitten
1 EL Sonnenblumenöl
5 Zwiebeln, 4 in feine Streifen geschnitten und 1 fein gehackt
1 grüne Chilischote, fein gehackt
½ TL Salz
½ TL Chaat Masala (siehe Seite 230)
Koriander-Spinat-Chutney (siehe Seite 228)

Für das Fleisch den Joghurt, das Salz und die Gewürze in eine Schüssel geben, dann die Hähnchenwürfel untermischen. Mit Frischhaltefolie bedecken und mindestens 30 Minuten, am besten über Nacht, ziehen lassen. Wird das Fleisch länger als 1 Stunde mariniert, die Schüssel in den Kühlschrank stellen.

Für die Fladenbrote die beiden Mehlsorten in eine Schüssel geben. Langsam gerade so viel von 6 EL Wasser (gegebenenfalls auch mehr) zugeben, bis ein weicher Knetteig entsteht. Den Teig auf einer leicht mit Mehl bestaubten Arbeitsfläche 2 Minuten durchkneten, dann mit Frischhaltefolie bedeckt mindestens 15 Minuten ruhen lassen.

In der Zwischenzeit den Backofen auf 200 °C vorheizen. Die Hähnchenteile aus der Marinade nehmen und auf einem Backblech 20 Minuten im Backofen rösten.

Für die Füllung das Öl in einer Pfanne bei mittlerer Temperatur erhitzen und die Zwiebelringe darin unter gelegentlichem Umrühren etwa 10 Minuten goldbraun braten. Das Chilipulver, das Salz und das Chaat Masala unterrühren, dann das gegarte Hähnchenfleisch zugeben und alles gut vermengen. Beiseitestellen.

Für die Fladenbrote eine Pfanne auf mittlerer Stufe erhitzen. Den Teig in 6 gleich große Portionen teilen. Jede Teigportion zu einem Kreis von etwa 17–18 cm Durchmesser ausrollen. Den ersten Teigfladen in der heißen Pfanne von jeder Seite 1 Minute backen, bis er die Farbe verändert. 1 TL Öl über die Oberseite des Fladenbrots träufeln, dann den Fladen wenden und 2 Minuten goldgelb backen. Erneut 1 TL Öl über die Oberseite träufeln, das Fladenbrot wenden und auch diese Seite 2 Minuten goldgelb backen.

Das gebackene Fladenbrot auf eine Servierplatte legen. Etwas Füllung daraufgeben, mit Koriander-Spinat-Chutney beträufeln und ein wenig gehackte rohe Zwiebel dazugeben. Aufrollen und servieren. Mit den übrigen Teigfladen und der restlichen Füllung ebenso verfahren.

Ergibt 16 Stück

Dal Chilla

Chillas – leichte und gesunde herzhafte Pfannkuchen – sind in Kolkata und vielen anderen Gegenden Indiens ein beliebter Snack. Sie schmecken ausgezeichnet mit Koriander-Spinat-Chutney (siehe Seite 228) oder Chili-Knoblauch-Chutney (siehe Seite 229) sowie zu einem Dal oder Kartoffel-Curry. Nach Belieben können unterschiedliche Arten von Hülsenfrüchten verwendet werden.

Für den Teig
250 g gespaltene gelbe Mungbohnen (Mung Dal)
1 Stück frischer Ingwer (2,5 cm), geschält und grob gehackt
1 kleine grüne Chilischote
1 Handvoll frische Korianderblätter
1 TL Salz
50 g Hartweizengrieß

Für das Topping
1 große Zwiebel, fein gehackt
¼ TL Salz
1 grüne Chilischote, fein gehackt

Sonnenblumenöl zum Braten
beliebiges Chutney zum Servieren

Für den Teig die Mungbohnen etwa 1 Stunde in 250 ml Wasser einweichen, bis sie das gesamte Wasser aufgenommen haben.

Die Mungbohnen mit dem Ingwer, der Chilischote und dem Koriander in einer Küchenmaschine zu einer glatten Mischung verarbeiten. Die Mischung in eine Schüssel geben, dann das Salz, den Hartweizengrieß und 350 ml Wasser zufügen und alles sorgfältig vermengen.

Für das Topping alle Zutaten in einer Schüssel verrühren.

Für die Chillas eine Pfanne erhitzen und, wenn diese sehr heiß ist, eine Kelle des Teigs hineingeben und zu einem runden Pfannkuchen von 13–15 cm Durchmesser ausstreichen. 1 EL Topping daraufgeben und 1 EL Öl um den Teigrand träufeln. Bei mittlerer Temperatur 2–3 Minuten backen, bis die Unterseite goldbraun ist, dann das Chilla wenden und erneut 2 Minuten backen. Auf diese Weise 15 weitere Chillas backen.

Mit einem Chutney Ihrer Wahl servieren.

Ergibt 8 Stück

CHICKEN-Lollipops

Da ich sowohl in Mumbai als auch in Kolkata und Delhi schon Chicken-Lollipops gegessen habe, weiß ich, dass es verschiedene Varianten dieses Gerichts gibt – manchmal werden statt der Hähnchenkeulen Chickenwings verwendet oder das Fleisch wird mit Paniermehl statt mit Teig umhüllt. Dies hier ist das Rezept für die Chicken-Lollipops, die ich in Kolkata gegessen habe und die mir am besten geschmeckt haben.

Für das Hähnchenfleisch
8 Hähnchenunterkeulen ohne Haut
1 EL Sojasauce
1 EL Chili-Knoblauchsauce
½ TL Salz
¼TL frisch gemahlener schwarzer Pfeffer

Für den Teig
150 g Weizenmehl Type 405
2 EL Speisestärke
½ TL Salz
¼ TL frisch gemahlener schwarzer Pfeffer
1 EL Chilisauce
1 EL Ketchup

Sonnenblumenöl zum Frittieren
flockiges Meersalz (z. B. Fleur de Sel)
Szechuan-Sauce (siehe Seite 224) zum Servieren

Zunächst das Fleisch vorbereiten. Dazu den Muskel durchtrennen, der am oberen Ende der Hähnchenunterschenkel das Fleisch mit dem Knochen verbindet. Den Schenkel aufrecht halten und das Fleisch nach unten schieben, um den Knochen freizulegen. Auf diese Weise erhält der Schenkel sein charakteristisches Aussehen. Mit den übrigen Unterschenkeln ebenso verfahren.

Die Lollipops mit der Sojasauce, der Chili-Knoblauchsauce sowie Salz und Pfeffer in einer Schüssel gründlich vermischen. Mindestens 1 Stunde, idealerweise über Nacht, ziehen lassen – das Fleisch in den Kühlschrank stellen, wenn es länger als 1 Stunde mariniert wird.

Für den Teig alle Zutaten in einer Schüssel vermischen. Unter ständigem Rühren nach und nach 200 ml Wasser zugeben, bis der Teig glatt ist.

In einer Fritteuse oder einem schweren Topf ausreichend Öl auf 180 °C erhitzen (der Topf sollte nur bis zu einem Drittel gefüllt sein). Einen Teller mit Küchenpapier auslegen. 1 Lollipop in den Teig tauchen und dann vorsichtig in das heiße Öl geben. Von jeder Seite 3–4 Minuten frittieren, bis der Teig goldbraun und das Fleisch gar ist. Auf dem Küchenpapier abtropfen lassen, während die restlichen Lollipops frittiert werden. Mit flockigem Meersalz bestreuen und heiß mit Szechuan-Sauce servieren.

SHARMA MILK

Für 4 Personen

Eier-Curry

Eier-Curry, wohl eines der leckersten Currys überhaupt, besteht aus einer einfachen, aber genialen Kombinationen unterschiedlicher Aromen. Versionen dieses Gerichts mit jeweils interessanter eigener Note kann man in vielen Regionen Indiens finden, aber mir hat das in Kolkata besonders gut geschmeckt. Dort wurden die gekochten Eier für etwas mehr Farbe zuvor gebraten und in einer köstlichen Kokosnuss-Sauce serviert. Hier ist meine Variante dieses schmackhaften Gerichts. Gesünder wird das Ganze, wenn die gekochten Eier nicht gebraten werden.

4 EL Sonnenblumenöl
1 kleine Zimtstange
1 Lorbeerblatt
4 grüne Kardamomkapseln
4 Zwiebeln, geraspelt oder zu einer Paste zerrieben
1 Stück Ingwer (2,5 cm), geschält und fein gehackt
4 Knoblauchzehen, fein gehackt
1 Dose (400 g) stückige Tomaten
1 ½ TL Salz
1 TL Kristallzucker
2 TL gemahlener Koriander
1 TL Garam Masala
½ TL gemahlene Kurkuma
400 ml Kokosmilch
100 ml kochendes Wasser
8 große Eier
Reis oder Puri, zum Servieren (nach Belieben)

In einem weiten Topf 2 EL Öl bei mittlerer Temperatur erhitzen. Den Zimt, das Lorbeerblatt und den Kardamom zugeben und 1 Minute anbraten, bis sie duften, dann die Zwiebeln zugeben und bei mittlerer Temperatur bräunen – das kann bis zu 30 Minuten in Anspruch nehmen.

Wenn die Zwiebeln gebräunt sind, den Ingwer und den Knoblauch einrühren und 2 Minuten mitgaren, bis sie weich werden, dann die stückigen Tomaten zufügen. Alles gründlich vermischen, die Temperatur auf eine niedrige Stufe reduzieren und zugedeckt 15 Minuten kochen, bis die Tomaten gar sind.

Das Salz, den Zucker, den Koriander, das Garam Masala und die Kurkuma zugeben, alles gründlich verrühren und weitere 2 Minuten garen, dann die Kokosmilch und 100 ml kochendes Wasser einrühren. Bei geschlossenem Deckel 5–10 Minuten köcheln lassen, bis die Sauce leicht eingedickt ist.

Inzwischen die Eier in einem zweiten Topf 10 Minuten kochen, dann abgießen und unter fließendem kalten Wasser abschrecken. Die hart gekochten Eier pellen.

Das restliche Öl in einem Topf erhitzen und die gekochten Eier darin bei hoher Temperatur unter gelegentlichem Wenden goldgelb braten. Dann die Eier in das Curry geben und heiß mit etwas Reis oder Puri servieren.

Für 4 Personen

EINFACHES Fisch-Curry

Dieses schnelle und unkomplizierte Curry habe ich in Kolkata als Bestandteil eines Thalis probiert. Es ist mir gelungen, das Rezept von meiner Freundin Sujana zu bekommen, die es oft zu Hause kocht. Es eignet sich wunderbar für einen Tag, an dem man wenig Zeit hat, aber nicht auf eine richtig gute Mahlzeit verzichten möchte. Mit Alu Bhate (siehe Seite 74) und Reis wird dieses Curry zu einer vollständigen Mahlzeit.

1 große Zwiebel
1 Stück frischer Ingwer (2,5 cm), geschält
1 kleine grüne Chilischote
2 EL Senföl
¾ TL Salz
½ TL Chilipulver
½ TL gemahlener Koriander
½ TL Garam Masala
½ TL gemahlener Kreuzkümmel
½ TL gemahlene Kurkuma
½ TL Kristallzucker
550 g Heilbutt, in 5 cm große Stücke geschnitten
200 ml kochendes Wasser
50 g Naturjoghurt (ca. 3,5 % Fettgehalt)

Die Zwiebel, den Ingwer und die grüne Chilischote in einem Standmixer oder einer Küchenmaschine zu einer Paste verarbeiten.

Das Öl in einem weiten Topf erhitzen und, wenn es beginnt zu rauchen, die Zwiebelpaste zugeben und bei mittlerer Temperatur unter häufigem Rühren 10–15 Minuten goldbraun braten.

Wenn die Zwiebelpaste gebräunt ist, das Salz, die Gewürze und den Zucker zufügen und 1 Minute mitgaren, bis sich alles verbunden hat. Die Fischwürfel zufügen und alles gründlich vermischen, dann 200 ml kochendes Wasser zugießen und 2–3 Minuten garen, bis der Fisch beginnt zu köcheln.

Vorsichtig den Joghurt unter das Curry heben, dabei darauf achten, dass die Fischwürfel ganz bleiben. Weitere 3–4 Minuten garen, bis der Fisch gar ist. Sofort servieren.

Ergibt 2 Portionen

Auberginen-Curry

Dieses Gericht besticht durch eine tolle Gewürzkombination, die für die Küche Kolkatas typisch ist. Es enthält Senf und Zwiebeln sowie Panch Phoron, eine Mischung aus den ungemahlenen Samen von Senf, Kreuzkümmel, Schwarzkümmel, Bockshornklee und Fenchel, die wohl vor allem dank ihrer Verwendung in vielen Gerichten der bengalischen Küche bekannt ist. Dieses auch als Baingan Curry bekannte Gericht wird an einigen Straßenständen als Bestandteil eines Thalis gereicht. Es schmeckt auch einfach mit Reis oder Chapatis serviert ausgezeichnet. **(Das Foto sehen Sie auf Seite 103.)**

- 1 große Aubergine, in etwa 5 cm lange Stücke geschnitten
- ½ TL Salz
- ½ TL gemahlene Kurkuma
- Sonnenblumenöl zum Frittieren
- 1 EL Sonnenblumenöl
- 1 TL Panch Phoron
- 1 große Zwiebel, fein gehackt
- 1 kleine grüne Chilischote, fein gehackt
- 1 Stück Ingwer (1 cm), geschält und fein gehackt
- 2 Knoblauchzehen, fein gehackt
- ½ TL Kristallzucker
- 1 TL englischer Senf
- 4 EL Naturjoghurt (ca. 3,5 % Fettgehalt)
- 1 Handvoll frische Korianderblätter, fein gehackt

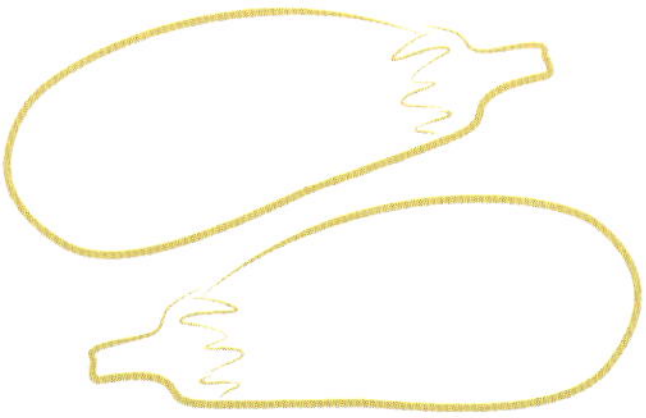

Die Auberginenstücke in eine Schüssel geben und jeweils ¼ TL Salz und Kurkuma darüberstreuen. 1 Stunde beiseitestellen, um der Aubergine Feuchtigkeit zu entziehen.

In einer Fritteuse oder einem hohen Topf ausreichend Öl auf 190 °C erhitzen (der Topf sollte nur bis zu einem Drittel gefüllt sein). Einen Teller mit Küchenpapier auslegen.

Die überschüssige Feuchtigkeit mit Küchenpapier von den Auberginenstücken abtupfen. Wenn das Öl die richtige Temperatur erreicht hat, die Auberginenstücke vorsichtig in kleinen Portionen in den Topf geben und 2 Minuten goldgelb frittieren. Auf dem Küchenpapier abtropfen lassen, während die restlichen Auberginenstücke frittiert werden.

In einem Topf 1 EL Sonnenblumenöl bei mittlerer Temperatur erhitzen und das Panch Phoron zugeben. Einige Sekunden anbraten, damit sich die Aromen entfalten, dann die Zwiebel und die Chilischote zugeben und weitere 3–4 Minuten garen, bis die Zwiebel goldbraun ist. Den Ingwer und den Chili unterrühren und 2 Minuten mitbraten. Dann das restliche Salz und die restliche Kurkuma, den Zucker und den Senf zugeben und alles gut verrühren. 1 Minute weitergaren, dann den Joghurt und 4 EL Wasser einrühren, die Temperatur erhöhen und weitere 2 Minuten garen, bis die Mischung beginnt einzudicken.

Die frittierten Auberginenstücke in das Curry geben, den Deckel auflegen und 5 Minuten köcheln lassen. Das Curry in eine Servierschüssel geben, den Koriander darüberstreuen und heiß servieren.

Für 2 Personen

MALAI-Garnelen-Curry

Malai bedeutet übersetzt Sahne und dieses wohlschmeckende Curry bekommt seine sahnig-cremige Textur durch Kokosmilch und eine Paste aus Cashewkernen und Fenchelsamen. Dieses Rezept hat mir meine in Kolkata lebende Freundin Sujana überlassen. Interessant ist, dass in Indien die Garnelen in diesem Gericht komplett verzehrt werden, also inklusive Kopf, der sehr saftig ist. Ich habe es versucht, aber ohne Erfolg! Trotzdem gehört dieses Gericht zu den köstlichsten Currys mit Meeresfrüchten, die ich je gegessen habe.

20 g Cashewkerne
1 EL Fenchelsamen
3 EL Milch (ca. 3,5 % Fettgehalt)
1 EL Sonnenblumenöl
1 Zwiebel, gerieben
½ TL Salz
½ TL Chilipulver
½ TL gemahlene Kurkuma
½ TL Garam Masala
200 ml Kokosmilch
12 rohe geschälte Garnelen
Reis zum Servieren (nach Belieben)

Die Cashewkerne und die Fenchelsamen 1 Stunde in der Milch einweichen. Anschließend die Milch, die Cashewkerne und die Fenchelsamen in einer Küchenmaschine oder einem Standmixer zu einer feinen Paste verarbeiten und beiseitestellen.

Das Öl in einem Topf bei mittlerer Temperatur erhitzen Die Zwiebel zugeben und 10–15 Minuten tief goldbraun braten. Das Salz und die Gewürze zufügen und 2 Minuten mitbraten, dann die Kokosmilch und 50 ml Wasser zugeben und alles gründlich vermischen.

Die Garnelen zufügen und 5 Minuten köcheln, bis sie gar sind. Die Cashewpaste einrühren und weitere 5 Minuten garen, bis alles durch und durch gar ist. So heiß wie möglich und nach Belieben mit Reis servieren.

MUMBAI

Mumbai ist eine Stadt, mit der ich mich immer eng verbunden fühlen werde. Die prickelnde Lebendigkeit dieser Megacity fasziniert mich bis heute – was dort an farbenfroher Vielfalt in den Läden und vor allem auch außerhalb verkauft wird, ist unglaublich. Und dann all die betriebsamen Menschen, die auf die eine oder andere Art hier versuchen, ihren Lebensunterhalt zu bestreiten. Vor dem Gedränge der Menschen gibt es kein Entrinnen, aber jedes ihrer Gesichter hat eine andere Geschichte zu erzählen.

Unabhängig davon, wie spät es ist, in Mumbai wird man von Tagesanbruch bis weit nach Mitternacht immer irgendwo in der Nähe eine Straßenküche finden. In der Hauptstadt des Bundesstaates Maharashtra werden die besten Vada Pav (frittierte Kartoffelbällchen in einem weichen Brötchen) zubereitet, die ich jemals gegessen habe, und natürlich bekommt man sie nicht nur an einem Stand: In dieser Stadt gibt es in jedem Viertel einen berühmten Vada-Pav-Stand.

Und genau wie manche beliebte Gerichte der Küche Mumbais ihren Weg in die ganze Welt gefunden haben, so hat auch die Stadt selbst Dinge aus anderen Orten und Regionen übernommen und sich zu eigen gemacht. Beispiele dafür sind die hiesige Interpretation der chinesischen Küche, die riesige Vielfalt an Dosas, die sich von den authentischen Versionen Chennais sehr unterscheiden, und auch Mumbais Papdi Chaat, das trockener, knuspriger und würziger ist als in Delhi.

Ich habe immer den Eindruck, dass die Menschen, die für ihren Lebensunterhalt diese einfallsreiche Straßenkost verkaufen, ein zufriedenes Gesicht haben. Sie bereiten ihre jeweiligen Spezialitäten mit viel Sorgfalt und Liebe zu und freuen sich, mit all den Kunden zu plaudern, die zu ihnen kommen, sowohl um sich etwas Leckeres zu gönnen als auch um gemeinsam Freude zu haben.

An einigen Stellen in der Stadt findet man zwar authentische Gerichte aus Maharashtra, allerdings nicht in den angesagten Feinschmecker-Ecken. Ich wünschte, es gäbe mehr dieser traditionellen Gerichte an Mumbais Straßenständen – das wäre wunderbar.

Für 6 Personen

Papdi Chaat

Mein absolutes Lieblings-Chaat ist in Minutenschnelle zubereitet, wenn man fertige Papdi zur Hand hat (luftdicht aufbewahrt halten Papdi sich mindestens 2–3 Wochen). Natürlich hat jede indische Stadt eigene Variationen dieses berühmten Streetfood-Snacks, aber nach diesem Rezept hat meine Mutter sie gemacht.

Für die Papdi
100 g Weizenmehl Type 405
¼ TL Salz
¼ TL Chilipulver
¼ TL Ajowan (Königskümmel)
1 TL Sonnenblumenöl
Sonnenblumenöl zum Frittieren

Für das Chaat
300 g Naturjoghurt (ca. 3,5 % Fettgehalt)
2 TL Salz
2 mehligkochende Kartoffeln, gegart, gepellt und fein gehackt
1 TL Chilipulver
1 TL Chaat Masala (siehe Seite 230)
6 TL Minze-Chutney (siehe Seite 228)
6 TL Tamarinden-Chutney (siehe Seite 220)
1 Handvoll feine knusprige Nudeln aus Kichererbsenmehl (Sev, erhältlich in Asia-Shops)

Für die Papdi das Mehl mit dem Salz, dem Chili und dem Ajowan (Königskümmel) in einer Schüssel mischen und anschließend das Öl unterrühren. Dann langsam 4–5 EL Wasser zugeben und zu einem Knetteig vermengen. Den Teig in der Schüssel mit Frischhaltefolie abgedeckt 30 Minuten ruhen lassen.

In einer Fritteuse oder einem schweren Topf Öl auf 190 °C erhitzen (der Topf sollte nur bis zu einem Drittel gefüllt sein). Einen mit Küchenpapier ausgelegten Teller bereitstellen. In der Zwischenzeit aus kleinen, etwa haselnussgroßen Portionen des Teigs 30 kleine, dünne Scheiben ausrollen mit einem Durchmesser von etwa 5 cm.

Die Papdi in kleinen Portionen 2–3 Minuten goldgelb ausbacken. Anschließend herausnehmen und auf dem Küchenpapier abtropfen und abkühlen lassen. In der Zwischenzeit den übrigen Teig verarbeiten.

Für das Chaat den Joghurt in einer kleinen Schüssel mit 4 EL Wasser und Salz vermischen.

Zum Anrichten jeweils 5 Papdi auf einen Teller legen, die Kartoffelstückchen darauf verteilen und alle Portionen mit einer Prise Salz würzen. Jeweils 2–3 EL von der Joghurtmischung auf die einzelnen Portionen verteilen und mit Chilipulver, Chaat Masala und einer Prise Salz bestreuen. Dann jeweils 1 TL Minze-Chutney sowie 1 TL Tamarinden-Chutney daraufgeben, mit ein paar knusprigen Kichererbsennudeln bestreuen und sofort servieren.

Für 4 Personen

SCHARF-WÜRZIGES Chili-Chicken

Chili-Hähnchen ist ein in Indien sehr beliebtes Gericht. Dazu isst man dort meist gebratenen Reis oder Chow Mein. Achtung – dies ist ein wirklich scharfes Gericht! Nach Belieben kann die Schärfe natürlich auch reduziert werden. Für eine vegetarische Variante kann das Hähnchenfleisch durch Panir ersetzt werden.

Für das marinierte Hähnchenfleisch

50 g Weizenmehl Type 405
10 g Speisestärke
½ TL Salz
½ TL Chilisauce
1 TL Sojasauce
1 Stück Ingwer (2,5 cm), geschält und gerieben
2 Knoblauchzehen, gerieben
2 große Eier, verquirlt
500 g Hähnchenbrustfilet, in 2,5 cm große Stücke geschnitten
Sonnenblumenöl zum Frittieren

Für die Sauce

2 EL Sonnenblumenöl
4 Knoblauchzehen, fein gehackt
2 kleine grüne Chilischoten, halbiert
1 Stück Ingwer (2,5 cm), geschält und gerieben
5 rote Zwiebeln, in feine Streifen geschnitten
1 grüne Paprikaschote, entkernt und in feine Streifen geschnitten
1 EL dunkle Sojasauce
1 TL Reisessig
1 EL Chili-Knoblauch-Sauce
½ TL Salz

Reis oder Gemüse-Chow-mein (siehe Seite 119) zum Servieren (nach Belieben)

Für das Fleisch zunächst das Mehl mit der Speisestärke, dem Salz, der Chilisauce, der Sojasauce, dem Ingwer, dem Knoblauch, den Eiern und 2 EL Wasser zu einer Marinade verrühren. Die Fleischstücke hineingeben und zugedeckt 1 Stunde darin durchziehen lassen.

In einer Fritteuse oder einem hohen Topf ausreichend Öl auf 180 °C erhitzen (der Topf sollte nur bis zu einem Drittel gefüllt sein). Wenn das Öl die richtige Temperatur erreicht hat, die Fleischstücke aus der Marinade nehmen und portionsweise im Öl 3–4 Minuten goldbraun frittieren.

Für die Sauce in einem weiten Topf das Sonnenblumenöl bei mittlerer Temperatur erhitzen. Den Knoblauch, den grünen Chili und den Ingwer darin 1 Minute anbraten, bis die Zutaten duften, dann die Zwiebeln zugeben und 8–10 Minuten goldgelb anschwitzen.

Anschließend die Paprikastreifen 1 Minute mitgaren, dann die Sojasauce, den Essig, die Chili-Knoblauchsauce, das Salz sowie 2 EL Wasser zugeben und alles sorgfältig verrühren.

Die frittierten Hähnchenstücke in die Sauce geben und gut mit ihr vermengen. Heiß servieren und nach Belieben Reis oder Chow mein dazu reichen.

Für 1 Portion

OMELETT-Pav

In Mumbai werden Eier gern mit reichlich Gewürzen gebraten und zusammen mit Chutney in einem Brötchen gegessen. Eine im Grunde schlichte Kombination, die aber wunderbar schmeckt und außerdem in Nullkommanichts zubereitet ist. (Das Foto sehen Sie auf Seite 116–117.)

1 TL Sonnenblumenöl
½ Zwiebel, fein gehackt
½ grüne Chilischote, fein gehackt
½ Tomate, fein gehackt
1 kräftige Prise Salz
1 kräftige Prise frisch gemahlener schwarzer Pfeffer
1 kräftige Prise Garam Masala
2 Eier
Koriander-Spinat-Chutney (siehe Seite 228)
1 kleines weiches Brötchen (pav), aufgeschnitten
flockiges Meersalz (z. B. Fleur de Sel)

In einer kleinen Pfanne ½ TL Sonnenblumenöl bei mittlerer Temperatur erhitzen. Die Zwiebel und den Chili darin 5 Minuten anschmoren, bis die Zwiebel weich ist. Dann die Tomaten zugeben und 2 Minuten mitgaren, bis sie weich werden. Anschließend Salz, Pfeffer und Garam Masala unterrühren.

Die Eier in einer Schüssel verquirlen, die gegarte Zwiebel-Würzmischung dazugeben und alles sorgfältig verrühren.

Das restliche Öl in derselben Pfanne erhitzen und die Eiermischung hineingießen. Auf mittlerer Stufe von jeder Seite 1 Minute backen, bis das Ei gar ist. Das Omelett einmal in der Mitte zusammenklappen und dann nochmals in der Mitte übereinanderlegen.

Eine Seite des aufgeschnittenen Brötchens mit etwas Chutney bestreichen, das zusammengelegte Omelett darauflegen, mit Meersalzflocken würzen und mit der oberen Brötchenhälfte bedecken. Heiß servieren.

Ergibt 10 Stück

Vada Pav

Dieser in Mumbai allgegenwärtige Snack eignet sich zum Frühstück genauso gut wie zum Mittag- oder Abendessen. Als ich in Mumbai lebte, habe ich dies sehr oft gegessen – Vada Pav sind überall zu bekommen, schmecken klasse und sind die perfekte und dazu preisgünstige Mahlzeit für unterwegs. (Das Foto sehen Sie auf Seite 116–117.)

Für die Vada
1 EL Sonnenblumenöl
1 TL schwarze Senfkörner
8 Curryblätter
1 grüne Chilischote, fein gehackt
1 Knoblauchzehe, geschält und fein gehackt
1 Stück Ingwer (1,5 cm), geschält und fein gehackt
1 TL Salz
¼ TL gemahlene Kurkuma
3 mehligkochende Kartoffeln, gegart, gepellt und zerstampft

Für den Teig
100 g Kichererbsenmehl
1 TL Salz
¼ TL gemahlene Kurkuma
Sonnenblumenöl zum Frittieren

Zum Servieren
10 kleine weiche Brötchen (pav), aufgeschnitten
Koriander-Spinat-Chutney (siehe Seite 228)
Chili-Knoblauch-Chutney (siehe Seite 229)
flockiges Meersalz (z. B. Fleur de Sel)

Für die Vada das Sonnenblumenöl in einem weiten Topf bei mittlerer Temperatur erhitzen. Die Senfkörner darin anrösten und anschließend, sobald sie anfangen zu springen, die Curryblätter, den Chili, den Ingwer, das Salz und die Kurkuma zugeben und sorgfältig verrühren. Dann die zerstampften Kartoffeln zugeben, 2 Minuten mitbraten und alles gut vermengen. Zum Abkühlen beiseitestellen.

Nach dem Abkühlen aus der würzigen Kartoffelmasse 10 Kugeln formen.

Für den Teig in einer Schüssel das Kichererbsenmehl mit Salz und Kurkuma vermischen. Dann gerade so viel von 100 ml Wasser zugeben, dass der Teig die Konsistenz von Crêpe-Teig bekommt.

In einer Fritteuse oder einem hohen Topf ausreichend Öl auf 180 °C erhitzen (der Topf sollte nur bis zu einem Drittel gefüllt sein). Einen mit Küchenpapier ausgelegten Teller bereitstellen. Die Kartoffelbällchen durch den Teig ziehen und in kleinen Portionen in 2 Minuten rundum goldgelb frittieren. Anschließend herausnehmen und auf dem Küchenpapier abtropfen lassen.

Jeweils eine Hälfte der Brötchen mit Koriander-Spinat-Chutney und die andere Hälfte mit Knoblauch-Chutney bestreichen. Die heißen Vada zwischen die Brötchenhälften legen, mit Meersalzflocken würzen und heiß servieren. (Alternativ können die Vada auch einfach mit den Chutneys verzehrt werden.)

Für 4 Personen

GEMÜSE-Chow-mein

Frisch zubereitet auf den Straßen Indiens schmeckt dieses Gericht einfach herrlich – während meiner Zeit in Mumbai habe ich Unmengen davon gegessen. Chinesisches Essen ist im ganzen Land beliebt, besonders aber in Mumbai und Kolkata, wo es sowohl in Restaurants als auch an Straßenständen angeboten wird. Das hier vorgestellte Gericht schmeckt schon für sich genommen sehr gut, noch besser allerdings mit scharfem Chili-Chicken (siehe Seite 112) oder Gemüsebällchen Manchurian (siehe Seite 155).

- 2 EL Sonnenblumenöl
- 1 Stück Ingwer (2,5 cm), geschält und fein gehackt
- 4 Knoblauchzehen, fein gehackt
- 2 kleine grüne Chilischoten, fein gehackt
- 1 rote Zwiebel, in feine Streifen geschnitten
- 2 Stangen Staudenellerie, fein gehackt
- 1 Karotte, fein gehackt
- 1 grüne Paprikaschote, fein gehackt
- 4 Frühlingszwiebeln, fein gehackt (grüne und weiße Anteile trennen)
- 1½ TL Salz
- ½ TL frisch gemahlener schwarzer Pfeffer
- 1 EL dunkle Sojasauce
- 1 TL Reisessig
- 1 TL Chili-Knoblauch-Sauce
- 4 Nester mittelfeine Eiernudeln, nach Packungsanweisung gegart

Das Öl in einem weiten Topf bei mittlerer Temperatur erhitzen und den Ingwer, den Knoblauch und die Chilis darin 1 Minute anbraten, bis die Gewürze duften. Die rote Zwiebel sowie den Sellerie, die Karotte, die grüne Paprika und die fein gehackten weißen Teile der Frühlingszwiebeln dazugeben und 5 Minuten unter ständigem Rühren braten, bis das Gemüse gerade weich wird.

Dann Salz, schwarzen Pfeffer, Sojasauce, Essig und die Chili-Knoblauchsauce dazugeben und gut verrühren. Anschließend die gegarten Nudeln zum Gemüse geben und alles vermengen. Mit den aufbewahrten fein gehackten grünen Teilen der Frühlingszwiebeln bestreuen und sofort servieren.

Für 4 Personen

Gemüse-Toast

Dieses getoastete, mit würzigen Kartoffeln, Gemüse und Chutney gefüllte Sandwich ist ein Gericht, das Sie sich bei einem Besuch in Mumbai auf gar keinen Fall entgehen lassen dürfen. Ideal als Zwischenmahlzeit oder auch als leichte vollständige Mahlzeit und so beliebt, dass man es inzwischen auf der ganzen Welt kennt.

Für das Masala
1 TL Sonnenblumenöl
¼ TL Salz
¼ TL Chilipulver
¼ TL Garam Masala
2 mehligkochende Kartoffeln, gegart, gepellt und zerstampft

Für das Sandwich
8 Scheiben Weißbrot
weiche gesalzene Butter
½ Gurke, in dünne Scheiben geschnitten
1 rote Bete, vorgegart, in dünne Scheiben geschnitten
1 Zwiebel, in feine Streifen geschnitten
1 Tomate, in feine Scheiben geschnitten
Koriander-Spinat-Chutney (siehe Seite 228)
Salz
flockiges Meersalz (z. B. Fleur de Sel)

Für das Masala das Öl in einem kleinen Topf erhitzen und Salz, Chilipulver und Garam Masala darin verrühren. Die zerstampften Kartoffeln sorgfältig mit den Gewürzen vermengen. Dann den Topf vom Herd nehmen und beiseitestellen.

Für die Sandwiches einen Sandwichtoaster vorheizen. 1 Scheibe Brot von beiden Seiten mit Butter bestreichen und in den Sandwichtoaster legen. 2 EL von der Kartoffelmischung gleichmäßig darauf verteilen. Anschließend mit einigen Scheiben Gurke, etwas roter Bete, Zwiebeln und Tomate belegen und mit einer Prise Salz würzen.

Eine zweite Scheibe Brot von einer Seite mit Chutney bestreichen und mit dieser Seite nach unten auf die Tomate legen. Die Oberseite dann mit Butter bestreichen. Den Toaster schließen und das Sandwich etwa 2 Minuten toasten, bis es goldgelb ist. Mit den übrigen Zutaten ebenso verfahren. Das getoastete Sandwich mit Meersalzflocken bestreuen und heiß servieren.

Für 4 Personen

Misal Pav

Scharf und würzig, sauer und süß, garniert mit knusprigem Bombay Mix und dazu gebutterte, geröstete Brötchen – mein absoluter Dauerbrenner, seitdem ich es zum ersten Mal in Mumbai gegessen habe.

Für die Gemüsemischung
1 EL Sonnenblumenöl
1 TL Kreuzkümmelsamen
½ TL Senfkörner
5 Curryblätter
1 Zwiebel, fein gehackt
1 kleine grüne Chilischote, fein gehackt
2 Knoblauchzehen, fein gehackt
1 Stück Ingwer (1 cm), geschält und fein gehackt
1½ TL Salz
1 TL gemahlener Koriander
1 TL Garam Masala
1 TL gemahlener Kreuzkümmel
1 TL Tamarindenmark
1 TL Kristallzucker
400 ml kochendes Wasser
1 mehligkochende Kartoffel, gegart, gepellt und gewürfelt
1 Tomate, gewürfelt
1 Dose (ca. 400 g) Bohnen-Mix

Für die Pav
4 TL gesalzene Butter
4 kleine weiche Brötchen (pav), aufgeschnitten

Zum Garnieren
Zitronensaft
1 Handvoll frische Korianderblätter, fein gehackt
1 Zwiebel, fein gehackt
1 Handvoll Bombay Mix (Indischer Snack)

Für die Gemüsemischung das Öl in einem Topf bei mittlerer Temperatur erhitzen. Die Kreuzkümmel- und die Senfsamen darin anrösten. Sobald sie springen, die Curryblätter, die Zwiebel und den Chili zugeben und 6–8 Minuten anschwitzen, bis die Zwiebel goldgelb ist. Dann den Knoblauch und den Ingwer zugeben und 2 Minuten mitbraten.

Das Salz, die Gewürze, das Tamarindenmark und den Zucker unterrühren und 1 Minute mitbraten, bis alles gut durchgezogen ist. Das kochende Wasser zugießen und dann die Kartoffel- und Tomatenwürfel sowie die Bohnen zugeben. Alles zugedeckt 5 Minuten kochen, bis die Sauce beginnt anzudicken.

Für die Pav die Butter in einer Pfanne auf mittlerer Stufe erhitzen. Die Brötchen mit der Schnittfläche nach unten in der Butter etwa 2 Minuten goldgelb rösten.

Die Gemüsemischung in einer Schüssel mit etwas Zitronensaft beträufeln, mit Korianderblättern, gehackter Zwiebel und Bombay Mix garnieren und servieren. Die in Butter gebackenen Pav dazu reichen.

Für 4 Personen

Bhel

Bhel ist eines der beliebtesten Gerichte der indischen Straßenküche. Überall im Land wird es angeboten, allerdings in den verschiedenen Regionen unter unterschiedlichen Namen, beispielsweise Bhelpuri und Jhalmuri. Das Gericht besteht aus einer tollen Kombination leichter, erfrischender Aromen und ist, wenn man die Zutaten im Vorrat hat, im Handumdrehen zubereitet. Sie können problemlos auch andere Zutaten zugeben oder aber Dinge, die Sie weniger mögen, einfach weglassen. **(Das Foto sehn Sie auf Seite 124–125.)**

- 100 g Puffreis (Kurmura)
- 100 g Nudeln aus Kichererbsenmehl (Sev)
- 10 Papdi-Cracker (siehe Seite 110), in Stücke gebrochen
- 1 Handvoll geröstete Erdnusskerne
- 2 mehligkochende Kartoffeln, gegart, gepellt und fein zerkleinert
- 1 Zwiebel, fein gehackt
- 1 TL Chaat Masala (siehe Seite 230)
- ½ TL Salz
- 2 EL Tamarinden-Chutney (siehe Seite 220)
- 2 EL Koriander-Spinat-Chutney (siehe Seite 228)
- 1 EL Zitronensaft
- 1 Handvoll frische Korianderblätter, fein gehackt

In einer großen Schüssel den Puffreis mit den Nudeln, den Papdi, den Erdnusskernen, den Kartoffeln, den Zwiebeln, dem Masala und dem Salz sorgfältig vermengen.

Die beiden Chutneys und den Zitronensaft dazugeben und sorgfältig gleichmäßig unter die Mischung mengen. Mit Koriandergrün bestreut sofort servieren.

Für 6 Portionen

Dabeli

Dieses ursprünglich aus Gujarat stammende Gericht ist auch in Mumbai sehr beliebt. Während meiner Zeit in der Stadt war es eines meiner Lieblingsgerichte. Im Grunde genommen handelt es sich um eine bunte Mischung verschiedener Aromen, Geschmacksrichtungen und Texturen. Dafür sorgen nicht zuletzt das säuerliche, würzige Chutney, die köstliche Kartoffelmischung und das knusprige Finish aus Erdnuss- und Granatapfelkernen. Dieses Rezept hat mir die Mutter einer Freundin überlassen, erst Jahre später, als ich Mumbai schon lange verlassen hatte. Aber das Warten hat sich gelohnt! (Das Foto sehen Sie auf Seite 129.)

Für die Kartoffelmischung
2 EL Sonnenblumenöl
1 EL Butter
1 Zwiebel, fein gehackt
1 Tomate, fein gehackt
1 TL Salz
2 EL Dabeli Masala (siehe Seite 233)
4 mehligkochende Kartoffeln, gegart, gepellt und zerstampft
1 EL Limettensaft

Für die gerösteten Chili-Erdnusskerne
150 g Erdnusskerne
1 TL Sonnenblumenöl
½ TL Salz
½ TL Chilipulver

Zum Servieren
6 kleine weiche Brötchen (pav)
Tamarinden-Chutney (siehe Seite 220)
Chili-Knoblauch-Chutney (siehe Seite 229)
1 Handvoll Granatapfelkerne
1 Handvoll frische Korianderblätter, fein gehackt

Für die Kartoffelmischung das Öl und die Butter in einem weiten Topf bei mittlerer Temperatur erhitzen und die Zwiebel darin etwa 5 Minuten glasig anschwitzen. Die Tomatenwürfel zugeben und 5 Minuten mitgaren, bis sie weich werden. Dann das Salz und das Dabeli Masala unterrühren. Die zerstampften Kartoffeln in den Topf geben, alles sorgfältig vermengen und dann den Limettensaft unterrühren. Den Topf beiseitestellen.

Für die gerösteten Chili-Erdnusskerne die Nusskerne und das Öl in einem kleinen Topf bei niedriger Temperatur etwa 2 Minuten braten, bis die Kerne sich verfärben. Dann das Salz und das Chilipulver unterrühren, den Topf vom Herd nehmen und abkühlen lassen. Nach dem Abkühlen die Erdnusskerne im Mörser grob zerstoßen.

Zum Anrichten die Brötchen aufschneiden, aber nicht ganz durchschneiden. Jeweils eine Hälfte der Brötchen mit 1 TL Tamarinden-Chutney und die andere Hälfte mit ¼ TL Chili-Knoblauch-Chutney bestreichen. Etwa 2 EL von der Kartoffelmischung mittig auf die untere Brötchenhälfte geben und mit ein paar Erdnusssplittern, Granatapfelkernen und Koriandergrün bestreuen. Das Brötchen schließen und sofort verzehren.

Für 4 Personen

Pav Bhaji

Auch hierbei handelt es sich um ein in Mumbai sehr beliebtes Gericht, das man heutzutage in ganz Indien bekommt. Meine Version davon ist einfach und gesund, aber es gibt sehr viele andere Möglichkeiten der Zubereitung. Die als Streetfood angebotene Version dieses Gerichts ist vor allem deshalb ganz besonders lecker, weil sie mit extra viel Butter zubereitet wird, die ich hier versucht habe, auf ein Minimum zu reduzieren.

Für das Bhaji

- 2 EL Sonnenblumenöl
- 1 EL gesalzene Butter, etwas mehr nach Belieben
- 1 Zwiebel, fein gehackt
- 2 Tomaten, fein gehackt
- ¼ Blumenkohl (etwa 5–6 Röschen), geraspelt
- 1 grüne Paprikaschote, fein gehackt
- 1½ TL Salz
- 2 EL Pav Bhaji Masala (siehe Seite 233)
- 5 mehligkochende Kartoffeln, gegart, gepellt und geraspelt
- 1 Handvoll Koriandergrün, fein gehackt

Zum Anrichten

- 4 EL Butter
- 4 kleine weiche Brötchen (pav), aufgeschnitten
- Limettenspalten

Für die Bhaji das Öl und die Butter in einem weiten Topf bei mittlerer Temperatur erhitzen und die Zwiebeln darin etwa 5 Minuten glasig anschwitzen. Die Tomaten, den geraspelten Blumenkohl, die grüne Paprika und 250 ml Wasser zugeben, zum Kochen bringen und anschließend abgedeckt 20 Minuten kochen, bis das Gemüse gar ist.

Das Salz und das Pav Bhaji Masala unterrühren und 2 Minuten mitkochen, bis sich alles gut vermengt hat. Anschließend die geraspelten Kartoffeln sowie 350 ml Wasser zugeben und 10–12 Minuten mitkochen, bis alles gut durchgegart ist.

Mit einem Kartoffelstampfer die Mischung im Topf zerkleinern und dann nochmals 2 Minuten erhitzen. Das Koriandergrün und so viel zusätzliche Butter darüber verteilen, wie Sie mögen. Diese Mischung heiß halten.

Zum Anrichten 1 EL der Butter in einer Pfanne bei mittlerer Temperatur zerlassen. Die beiden Hälften von 1 Brötchen in die Pfanne geben, von jeder Seite 1 Minute braten und dann aus der Pfanne nehmen. Mit den anderen Brötchen und der restlichen Butter ebenso verfahren. Die Brötchen mit dem heißen Bhaji servieren und Limettenspalten zum Auspressen dazu reichen.

Für 4 Personen

Mungbohnen-SPECIAL

Dieses Rezept beruht auf einem in Mumbai als Matki Special bekannten Gericht, einer ungewöhnlichen Kombination aus Dal und Kartoffeln, die auf der Straße unter einem Regenschutz aus Kunststoff in riesigen Töpfen zubereitet wird. Selbst starker Regen scheint den Köchen die Freude bei der Zubereitung nicht zu nehmen. In Mumbai habe ich es mit Brötchen gegessen, mit Reis oder Roti schmeckt es jedoch auch hervorragend. In meiner Version kommen getrocknete Mungbohnen zum Einsatz, denn diese sind hier gängiger als die spezielle, in Indien dafür verwendete grüne Linsensorte.

250 g Mungbohnen (Moong Sabut)
1½ TL Salz
1 EL Sonnenblumenöl
6 Curryblätter
1 kleine grüne Chilischote, fein gehackt
1 Zwiebel, fein gehackt
3 Knoblauchzehen, fein gehackt
1 Stück Ingwer (1 cm), geschält und fein gehackt
1 TL gemahlener Kreuzkümmel
1 TL gemahlener Koriander
½ TL Chilipulver
1 Tomate, fein gehackt
1 mehligkochende Kartoffel, geschält und gewürfelt
150 ml kochendes Wasser
1 EL Zitronensaft
Brot oder Reis, zum Servieren (nach Belieben)

Die Mungbohnen in einem Topf mit 1 Liter Wasser und 1 TL von dem Salz zum Kochen bringen. Dann bei leicht geöffnetem Deckel bei mittlerer bis niedriger Temperatur 35–40 Minuten garen.

Das Öl in einem großen Topf bei mittlerer Temperatur erhitzen. Die Curryblätter sowie den grünen Chili im heißen Öl wenige Sekunden anbraten, dann die Zwiebel zugeben und 8–10 Minuten unter gelegentlichem Rühren goldbraun braten.

Den Knoblauch und den Ingwer zugeben und 1 Minute mitbraten, dann die Gewürze und das restliche Salz dazugeben. Alles gut verrühren, dann die Tomate, die Kartoffel und 150 ml kochendes Wasser zugeben und wieder rühren. Bei geschlossenem Deckel 10 Minuten köcheln lassen, bis die Kartoffelwürfel gar sind.

Die Mungbohnen mit dem Kochwasser zur Sauce geben und nochmals 2 Minuten mitkochen, bis alles gut durchgezogen ist. Zum Schluss mit Zitronensaft beträufeln und heiß nach Belieben mit Brot oder Reis servieren.

Für 4 Personen

WÜRZIGES HÄHNCHEN nach Bombay-Art

Dieses herrlich klebrige und würzige Hähnchenfleisch habe ich dank einer Freundin kennengelernt, als sie unterwegs Lust auf ihr Lieblings-Streetfood hatte – und ich konnte auch gleich nachvollziehen warum. Das Hähnchenfleisch kann in einem Tandoor oder im Backofen gegart werden. Statt Hähnchenunterkeulen können Sie das Rezept auch mit Flügeln zubereiten.

- 8 Hähnchenunterkeulen (ohne Haut)
- 2 EL dunkle Sojasauce
- 1 EL Olivenöl
- 20 g dunkler Rohrzucker
- 4 Knoblauchzehen, fein gehackt
- 1 Stück Ingwer (2,5 cm), geschält und fein gehackt
- 1 rote Chilischote, fein gehackt
- 1 TL Fünf-Gewürze-Pulver
- 1 TL Salz
- 1 EL geröstete Sesamsamen

Jede Keule einige Male einritzen, damit die Marinade später gut einziehen kann.

In einer großen Schüssel die Sojasauce, das Olivenöl, den Zucker, den Knoblauch, den Ingwer, den Chili, das Fünf-Gewürze-Pulver und das Salz mischen. Die Keulen in die Schüssel legen und gleichmäßig in der Marinade wenden, damit sie sich rundum auf dem Fleisch verteilt. Mindestens 1 Stunde durchziehen lassen oder, noch besser, die Schüssel mit Frischhaltefolie abgedeckt über Nacht im Kühlschrank stehen lassen.

Den Backofen auf 180 °C vorheizen.

Das Fleisch mit der Marinade in eine flache Bratform umfüllen und 40 Minuten im Ofen garen, dabei die Stücke zwischendurch einige Male wenden. Anschließend mit den Sesamsamen bestreuen und heiß servieren.

Für 4 Personen

GEMÜSE Pulao

In Mumbai wird dieses überaus köstliche vegetarische Pulao-Gericht direkt vor Ihren Augen frisch zubereitet. Dazu wird dort Kartoffelcurry, grünes Chutney und etwas Raita gereicht, eine tolle Kombination, aber dieses sättigende Reisgericht schmeckt auch gut als eigenständige Mahlzeit.

- 1 EL Sonnenblumenöl
- 1 Zwiebel, fein gehackt
- 6 Frühlingszwiebeln, fein gehackt (grüne und weiße Anteile getrennt)
- 1 grüne Paprikaschote, fein gehackt
- 2 Tomaten, fein gehackt
- 150 g Erbsen (TK oder frisch)
- 1 TL Salz
- 1 TL Garam Masala
- ½ TL gemahlene Kurkuma
- ¼ TL frisch gemahlener schwarzer Pfeffer
- 4 Portionen gegarter Basmatireis

Das Öl in einem Topf bei mittlerer Temperatur erhitzen und die Zwiebel darin etwa 5 Minuten glasig anschwitzen. Eine Handvoll der grünen Teile der Frühlingszwiebel zum Garnieren aufbewahren und den Rest zur Zwiebel in den Topf geben. 2 Minuten garen, bis die Frühlingszwiebeln weich werden, dann die grüne Paprika und die Tomaten untermengen.

Tiefgekühlte Erbsen vor der Verwendung 2 Minuten in kochendem Wasser blanchieren und gut abtropfen lassen. Die frischen oder blanchierten Erbsen zur Zwiebelmischung geben, gut verrühren und 2 Minuten mitgaren. Dann das Salz, das Garam Masala, die Kurkuma und den schwarzen Pfeffer unterrühren.

Den gegarten Reis in den Topf geben und alles zusammen noch einmal 4–5 Minuten köcheln, bis der Reis vollständig erhitzt ist. Dann vom Herd nehmen und heiß servieren.

30/-
Dadar (W)

Für 4 Personen

Poha

Jede Ecke Indiens hat eine eigene Methode, dieses beliebte Frühstücksgericht zuzubereiten, weshalb es natürlich überall etwas anders schmeckt. Bei Poha handelt es sich um an Reisflocken erinnernden, flach geklopften Reis, der schnell gar ist und dann eine schöne weich-flockige Konsistenz annimmt. Dieses Gericht wird in der Regel an kleinen Straßenständen verkauft, man findet es aber auch in Restaurants, manchmal begleitet von knusprigen Snacks wie Samosa oder Kachori.

2 EL Sonnenblumenöl
1 TL schwarze Senfkörner
8 Curryblätter
2 grüne Chilischoten, längs halbiert
4 EL geröstete Erdnusskerne
1 Zwiebel, grob gehackt
1 mehligkochende Kartoffel, geschält und in 1 cm große Würfel geschnitten
250 g Reisflocken (Poha)
2 EL Naturjoghurt (ca. 3,5 % Fettgehalt)
1 TL Salz
½ TL gemahlene Kurkuma
½ TL Chilipulver
2 EL Zitronensaft
1 Handvoll frische Korianderblätter, fein gehackt
1 Handvoll Nudeln aus Kichererbsenmehl (Sev, erhältlich in Asia-Shops)
Zitronenspalten, zum Servieren

Das Öl in einem weiten Topf bei mittlerer Temperatur erhitzen und die Senfkörner darin anrösten. Sobald sie springen, die Curryblätter, die grünen Chilis, die Erdnusskerne, die Zwiebel und die Kartoffel unterrühren. Bei geschlossenem Deckel alles auf reduzierter Stufe etwa 10 Minuten köcheln lassen, bis die Kartoffeln weich sind.

In der Zwischenzeit die Reisflocken in ein Sieb geben und mit gerade so viel kaltem Wasser abspülen, dass sie alle rundum angefeuchtet sind. In eine Schüssel geben, den Joghurt unterrühren und 5 Minuten durchziehen lassen.

Inzwischen das Salz, die Kurkuma und das Chilipulver zur Zwiebel-Kartoffel-Mischung geben. Unter ständigem Rühren 1 Minute kochen lassen und dann die in Joghurt eingeweichten Reisflocken zugeben. Alles gut verrühren und 2 Minuten erhitzen, sodass sich die Mischung gut verbindet und die Reisflocken heiß werden. Dann den Zitronensaft unterrühren.

Das Poha in Schüsseln bestreut mit frisch gehacktem Koriandergrün und den Nudeln heiß servieren und Limettenspalten zum Auspressen dazu reichen.

Ergibt 2 Portionen

GEBRATENER REIS mit Ei

An den Straßenständen Mumbais, die dieses Reisgericht anbieten, kann man zuschauen, wie es auf großen, flachen Tavas oder in gusseisernen Pfannen zubereitet wird. Dieses Gericht stellt einfach zu jeder beliebigen Tageszeit eine wunderbare Mahlzeit dar, die mit Chili-Chutney oder Ketchup besonders gut schmeckt. Außerdem ist es genial zur Verwertung von Reisresten.

1 EL Sonnenblumenöl
1 EL gesalzene Butter
1 Zwiebel, fein gehackt
1 kleine grüne Chilischote, fein gehackt
1 Tomate, fein gehackt
½ TL Salz
¼ TL gemahlene Kurkuma
¼ TL Chilipulver
¼ TL Garam Masala
2 Eier
400 g gegarter weißer Reis

Das Öl und die Butter in einer großen Pfanne bei mittlerer Temperatur erhitzen. Die Zwiebel und den Chili darin 5 Minuten anschwitzen, bis die Zwiebel weich wird. Dann die Tomaten 2 Minuten mitgaren, bis sie weich werden.

Die Mischung mit einem Kartoffelstampfer ein paar Mal grob zerkleinern, dann das Salz und die Gewürze zugeben und alles gut vermengen.

Die Eier in die Pfanne aufschlagen und rasch verrühren – ähnlich wie Rührei. Die Mischung noch ein paar Mal durchstampfen, dann den Reis zugeben und gründlich durchrühren, während er heiß wird und die Eimasse gart. Heiß servieren.

Für 4 Personen

Puri Alu

Diese überragend leckere Kombination aus sättigendem Kartoffelcurry und frittiertem Fladenbrot wird in Nordindien und in Mumbai sehr viel gegessen. Zu besonderen Anlässen wird es auch zu Hause zubereitet, denn es gilt eigentlich als Festessen. Puri Alu schmeckt wunderbar mit grünem Chutney und Raita oder auch einfach mit eingelegter Mango.

Für das Kartoffelcurry
2 EL Sonnenblumenöl
1 TL schwarze Senfkörner
6 Curryblätter
2 Knoblauchzehen, fein gehackt
4 Tomaten, fein gehackt
1 TL Salz
1 TL Garam Masala
1 TL gemahlener Koriander
½ TL Chilipulver
½ TL gemahlene Kurkuma
6 mehligkochende Kartoffeln, gegart, gepellt und grob gehackt

Für das Puri
300 g Atta-Mehl
Sonnenblumenöl zum Frittieren

Für das Kartoffelcurry das Öl in einem Topf bei mittlerer Temperatur erhitzen und die Senfkörner dazugeben. Sobald sie springen, die Curryblätter und den Knoblauch zugeben und 1 Minute anbraten. Die Tomaten unterrühren und bei geschlossenem Deckel in 6–8 Minuten weich garen.

Das Salz, das Garam Masala, den gemahlenen Koriander, das Chilipulver und die Kurkuma zu den Tomaten geben und 1 Minute mitkochen. Dann die gehackten Kartoffeln dazugeben sowie 200 ml Wasser und alles 10–15 Minuten unter gelegentlichem Rühren leise köcheln lassen, bis die Sauce leicht eingedickt ist. Bis zum Verzehr warm halten.

Für den Puri-Teig das Mehl in eine Schüssel geben und langsam gerade so viel von 160 ml Wasser zugeben, dass daraus ein weicher Knetteig entsteht (er sollte nicht feucht und schwer sein). Den Teig in der Schüssel mit Frischhaltefolie abgedeckt 10 Minuten ruhen lassen.

Dann aus dem Teig 20 kleine Kugeln formen und diese jeweils zu einem 10 cm großen Fladen ausrollen.

In einer Fritteuse oder einem schweren Topf ausreichend Öl auf 180 °C erhitzen (der Topf sollte nur bis zu einem Drittel gefüllt sein). Einen mit Küchenpapier ausgelegten Teller bereitstellen. Die Puris einzeln von jeder Seite 1 Minute goldbraun frittieren. Herausnehmen und auf dem Küchenpapier abtropfen lassen. Die heißen Puris mit dem Kartoffelcurry servieren.

Ergibt 3 Stück

Maiskolben mit LIMETTE und CHILI

Dieses Gericht ist bei groß und klein besonders beliebt, wenn in Indien die Monsunzeit beginnt und es frischen Mais gibt. Die Kolben verkaufen sich so gut, dass die Straßenverkäufer sogar während stärkster Regenfälle für Nachschub sorgen. Die Zubereitung auf einem Holzkohlegrill ist sicher eine der einfachsten und besten Methoden zum Garen frischer Maiskolben und mit den in diesem Rezept verwendeten Gewürzen zeigt sich der Mais von seiner allerbesten Seite.

3 Maiskolben
¾ TL Salz
¾ TL Chilipulver
1 ½ Limetten

Den Holzkohlegrill vorbereiten. Die Hüllblätter und Fäden vom Maiskolben abziehen und die Kolben auf den heißen Grill legen. Unter häufigem Wenden je nach Grillhitze etwa 5–10 Minuten garen, bis die Kolben rundum goldgelb geröstet sind. (Die Maiskolben können alternativ auch auf dem Gasherd direkt über der Flamme gegart werden.)

In einer kleinen Schüssel das Salz mit dem Chilipulver mischen. Die Limetten halbieren und mit der Schnittfläche nach unten kräftig in die Salz-Chili-Mischung drücken.

Mit den so gewürzten Limettenhälften nun die Maiskolben rundum einreiben und dabei den Saft ausdrücken, um dem Mais einen salzigen, säuerlichen und würzigen Geschmack zu verleihen. Heiß genießen.

Für 4 Personen

Gebratener Reis mit Huhn

Ein einfaches Gericht, zubereitet in wenigen Minuten und unglaublich lecker – sowohl als eigenständige Mahlzeit oder, wie es häufig in Indien gereicht wird, in Kombination mit Manchurian-Gemüsebällchen oder Chili-Chicken. Für eine vegetarische Variante kann man anstelle von Hähnchenfleisch Gemüse verwenden.

- 2 EL Pflanzenöl
- 2 Knoblauchzehen, fein gehackt
- 1 Stück Ingwer (2,5 cm), geschält und fein gehackt
- 1 kleine grüne Chilischote, fein gehackt
- 10 Frühlingszwiebeln, fein gehackt, (grüne und weiße Anteile getrennt)
- 200 g Hähnchenbrustfilet, in 1 cm große Stücke geschnitten
- 1 EL Sojasauce
- 1 TL Salz
- 1 TL Reisessig
- 1 TL Chili-Knoblauch-Sauce
- 300 g gegarter Basmatireis
- 2 Eier, leicht verquirlt

Das Öl in einem Topf bei mittlerer Temperatur erhitzen und den Knoblauch, den Ingwer und den Chili darin 1 Minute anschwitzen. 1 Handvoll gehackte grüne Frühlingszwiebel zum Garnieren beiseitestellen, die übrigen Frühlingszwiebeln in den Topf geben und 2 Minuten mitbraten, bis sie weich werden und sich verfärben.

Die Hähnchenstücke in den Topf geben und unter Rühren gut 5 Minuten anbraten, bis das Fleisch gar ist.

Die Sojasauce, das Salz, den Essig und die Chili-Knoblauch-Sauce unterrühren und dann alles mit dem gegarten Reis verrühren.

Das verquirlte Ei langsam in den Topf fließen lassen und alles sehr sorgfältig vermengen. 2 Minuten garen, dann mit der beiseitegestellten Frühlingszwiebel bestreuen und heiß servieren.

Für 4 Personen

Szechuan-HUHN

Wer das Rezept für die Szechuan-Sauce schon kennt, wird ahnen, dass es beim folgenden Rezept feurig scharf zugehen wird! Wem auch das noch nicht scharf genug sein, gibt einfach noch mehr Sauce dazu. Am besten schmeckt dieses Gericht mit Reis oder Nudeln.

1 EL Sonnenblumenöl
1 Stück Ingwer (2,5 cm), geschält und fein gehackt
10 Frühlingszwiebeln, fein gehackt (grüne und weiße Anteile getrennt)
6 EL Szechuan-Sauce (siehe Seite 224), plus mehr nach Geschmack
1 TL Salz
½ TL frisch gemahlener weißer Pfeffer
500 g Hähnchenbrustfilet (ohne Haut), in kleine Stücke geschnitten
1 grüne Paprikaschote, in feine Streifen geschnitten
200 ml kochendes Wasser
1 EL Speisestärke

Reis oder Nudeln zum Servieren (nach Belieben)

Das Öl in einem großen Topf bei mittlerer Temperatur erhitzen und den Ingwer darin 1 Minute anbraten, bis er duftet. Dann die Frühlingszwiebeln dazugeben, dabei etwas vom Grün zum Garnieren aufbewahren. 2 Minuten anbraten, bis die Frühlingszwiebeln weich werden und anschließend die Szechuan-Sauce, das Salz und den weißen Pfeffer unterrühren.

Die Hähnchenstücke in den Topf geben, gut umrühren und 5–7 Minuten anbraten, bis das Fleisch fast gar ist. Die grüne Paprika zugeben, 1 Minute mitbraten und dann 200 ml kochendes Wasser zugießen und gut verrühren.

In einer kleinen Schüssel die Speisestärke mit 1 EL kaltem Wasser zu einer Paste anrühren und diese unter das Fleisch rühren. Bei hoher Temperatur 2 Minuten kochen, bis die Sauce eindickt. Die beiseitegestellten Frühlingszwiebeln darüber verteilen und heiß servieren.

Manohar
Vegetables
Of Exotic & Indian Vegetable Suppliers
Home Delivery

CNG

Für 4 Personen

Gemüsebällchen Manchurian

Die chinesische Küche ist in Indien, wie auch sonst überall auf der Welt, gut vertreten und ein wichtiger Bestandteil der Streetfood-Szene, besonders in Mumbai, wo man auf jeder Straße immer wieder auf drei oder vier Gerichte dieser Küche trifft. Dieses sehr beliebte vegetarische Gericht wird besonders gern mit gebratenem Reis oder gebratenen Nudeln gegessen.

Für die Gemüsebällchen

½ kleiner Weißkohlkopf, gehobelt
1 Karotte, geraspelt
100 g feine grüne Bohnen, fein zerkleinert
2 grüne Chilischoten, fein gehackt
100 g Weizenmehl Type 405
1 TL Salz
2 EL Speisestärke
Sonnenblumenöl zum Frittieren

Für die Sauce

1 EL Sonnenblumenöl
1 grüne Chilischote, fein gehackt
2 Knoblauchzehen, fein gehackt
1 Stück Ingwer (2,5 cm), geschält und fein gehackt
2 Stangen Staudensellerie, fein gehackt
1 EL Sojasauce
1 TL Reisessig
½ TL Salz
700 ml Gemüsebrühe
2 EL Speisestärke

gebratener Reis oder Nudeln zum Servieren (nach Belieben)

Mit Ausnahme des Öls alle Zutaten für die Gemüsebällchen in einer großen Schüssel zunächst locker vermischen, dann die Zutaten fest zusammendrücken, sodass sie sich miteinander verbinden. Die Mischung zu Kugeln von der Größe einer Limette formen – es sollten sich etwa 24 Bällchen ergeben.

In einer Fritteuse oder einem hohen Topf ausreichend Öl auf 180 °C erhitzen (der Topf sollte nur bis zu einem Drittel gefüllt sein). Einen mit Küchenpapier ausgelegten Teller bereitstellen. Die Gemüsebällchen im heißen Öl rundum goldbraun frittieren. Anschließend herausnehmen und auf dem Küchenpapier abtropfen lassen.

Für die Sauce das Öl in einem Topf bei mittlerer Temperatur erhitzen und den Chili, den Knoblauch, den Ingwer- und den Staudensellerie darin 5 Minuten anschmoren, bis der Sellerie weich wird. Die Sojasauce, den Essig und das Salz unterrühren, dann die Gemüsebrühe angießen und die Mischung zum Kochen bringen.

In einer kleinen Schüssel die Speisestärke mit 1 EL kaltem Wasser zu einer Paste anrühren und diese langsam in die Sauce einrühren. Dann bei hoher Temperatur 2 Minuten kochen, bis die Sauce leicht eindickt.

Die Gemüsebällchen in die Sauce geben und 5 Minuten durchziehen lassen, bis sie warm sind. Nach Belieben mit Reis oder Nudeln servieren.

Für 6 Personen

MANCHURIAN Chaat

Dieses tolle kleine Gericht habe ich erst vor Kurzem zufälligerweise in Mumbai kennengelernt und war gleich begeistert. Von Gemüse-Manchurian (siehe Seite 155) bin ich schon lange ein Fan, die Kombination mit Chaat jedoch ist ungewöhnlich. Das Gericht ist würzig und knusprig und ideal als Zwischenmahlzeit oder Vorspeise.

2 EL Sonnenblumenöl
10 Frühlingszwiebeln, fein gehackt
3 EL Szechuan-Sauce (siehe Seite 224)
3 EL Tomatenketchup
½ TL Salz
24 Gemüsebällchen Manchurian (siehe Seite 155)

Für die Nudeln
Sonnenblumenöl zum Frittieren
200 g Eiernudeln

Für die Nudeln in einer Fritteuse oder einem schweren Topf ausreichend Öl auf 190 °C erhitzen (der Topf sollte nur bis zu einem Drittel gefüllt sein). Einen mit Küchenpapier ausgelegten Teller bereitstellen. Wenn das Öl heiß ist, die Nudeln hineingeben und 2 Minuten goldgelb frittieren. Anschließend zum Abtropfen auf das Küchenpapier legen und abkühlen lassen. Die abgekühlten Nudeln in frisches Küchenpapier einschlagen und mit einer Teigrolle grob zerkleinern.

Das Sonnenblumenöl in einem zweiten Topf bei mittlerer Temperatur erhitzen und die Frühlingszwiebeln darin etwa 2 Minuten anschmoren. Die Szechuan-Sauce, den Ketchup und das Salz unterrühren und anschließend die knusprig frittierten Nudelstückchen untermengen.

Die Gemüsebällchen halbieren und in die würzige Mischung legen. Unter leichtem Rühren erhitzen und heiß servieren.

Für 4 Personen

Falooda

Dieses Zwischending aus Eisbecher und Milkshake ist ebenso ungewöhnlich wie köstlich, eine einfach tolle Zusammenstellung verschiedener Aromen und Texturen. Falooda findet man zwar im ganzen Land, aber die in meinen Augen beste Variante kommt aus Mumbai. Manche Zutaten, etwa die süßlichen Basilikumsamen und Glasnudeln (Falooda sev), sind möglicherweise nicht einfach zu finden, am einfachsten könnte es sein, sie über das Internet zu suchen – es lohnt sich, denn dies ist ein ganz besonderes Dessert. **(Das Foto sehen Sie auf Seite 159.)**

1 EL süße Basilikumsamen (Sabja)
50 g Glasnudeln (Falooda sev)
8 EL Rosensirup
400 ml kalte Milch (ca. 3,5 % Fettgehalt)
4 Kugeln Vanilleeiscreme
1 Handvoll Pistazienkerne, fein gehackt
1 Handvoll Mandeln, fein gehackt

Die Basilikumsamen in 500 ml Wasser 30 Minuten einweichen. In der Zwischenzeit die Nudeln nach Packungsanweisung garen und vollständig abkühlen lassen.

Für die fertigen Falooda zunächst pro Glas 2 EL von dem Rosensirup in ein Glas geben. Anschließend 2 EL von den mittlerweile stark aufgequollenen Basilikumsamen, 100 ml von der kalten Milch und eine Handvoll Nudeln in das Glas geben. Mit einer Kugel Eiscreme abschließen und zum Garnieren alles mit Pistazien und Mandeln bestreuen. Sofort servieren.

Für 3 Personen

Schokoladen-SANDWICHTOAST

Doppelrahmfrischkäse und Schokolade gemeinsam im Sandwich getoastet schmecken einfach himmlisch. Dieser moderne Newcomer in Mumbais Streetfood-Szene ist ein echter Gaumenschmaus, in dessen Genuss ich vor Kurzem auf einer Reise in die Stadt kam. Ich war restlos begeistert.

9 Scheiben Weißbrot
weiche Butter
150 g Doppelrahmkäse
300 g Schokoladensauce

Einen Sandwichtoaster vorheizen.

Von 2 Brotscheiben jeweils beide Seiten mit Butter bestreichen und eine Scheibe davon in den heißen Sandwichtoaster legen. Diese Scheibe mit einem Drittel vom Rahmkäse bestreichen.

Eine dritte Scheibe Brot auf einer Seite mit Schokoladensauce bestreichen und diagonal übereinanderklappen, sodass ein Dreieck mit Schokosauce darin entsteht. Dieses auf die mit Käse bestrichene Scheibe im Sandwichtoaster legen, noch einmal Schokosauce daraufstreichen und das Ganze mit der vorbereiteten gebutterten Scheibe Brot belegen.

Den Sandwichtoaster schließen und 2 Minuten backen, bis alles rundum schön goldbraun getoastet ist.

Das getoastete Sandwich aus dem Toaster nehmen und mit den restlichen Zutaten zwei weitere Sandwichtoasts zubereiten.

Die übrig gebliebene Schokosauce auf die getoasteten Sandwiches verteilen und servieren.

Für 4 Personen

Nimbu paani

Dieses herrlich nach Rosen duftende erfrischende Getränk ist in den Sommermonaten in ganz Indien an jeder Straßenecke zu haben. Das schwarze Salz unterstreicht mit einer wunderbar würzigen Säure die frisch gepressten Zitrussäfte.

125 ml Zitronensaft
Saft von 2 Limetten
4 EL Puderzucker
½ TL Salz
½ TL schwarzes Salz
8 Tropfen Rosenwasser
einige Eiswürfel, zum Servieren

Die beiden Zitrussäfte in einem Krug mischen, den Puderzucker, die beiden Salzsorten und das Rosenwasser zugeben und verrühren, bis der Zucker sich aufgelöst hat. Dann 800 ml kaltes Wasser unterrühren.

In 4 Gläser jeweils einige Eiswürfel geben, das Nimbu paani darübergießen und servieren.

Ergibt etwa 60 Stück

Bhakarwadi

Es gibt in Mumbai nur wenige Teebuden, an denen man diese kleinen herzhaft-süßen Snacks nicht findet. Der Teig wird mit feinen Gewürzen gefüllt und dann knusprig frittiert. In einem luftdichten Gefäß halten sie sich tagelang – wenn sie nicht schon vorher aufgegessen sind.

Für den Teig
150 g Weizenmehl Type 405
50 g Kichererbsenmehl
¼ TL Salz
¼ TL gemahlene Kurkuma

Für die Füllung
25 g Sesamsamen
25 g weiße Mohnsamen
25 g Kokosraspel
1 TL Fenchelsamen
1 TL Sonnenblumenöl
1 TL fein gehackter Ingwer
1 EL Kichererbsenmehl
½ TL Salz
½ TL Chilipulver
1 ½ TL Kristallzucker
1 TL gemahlener Koriander
1 TL gemahlener Kreuzkümmel

Sonnenblumenöl zum Frittieren

Für den Teig die beiden Mehlsorten in einer Schüssel mit dem Salz und der Kurkuma mischen. Langsam gerade so viel von 100 ml Wasser (gegebenenfalls auch mehr) zugeben, bis ein weicher Knetteig entsteht. Den Teig 2 Minuten kneten und dann mit Frischhaltefolie abgedeckt 15–20 Minuten ruhen lassen.

Für die Füllung die Sesamsamen bei mittlerer Temperatur in einer trockenen Pfanne rösten, ohne dass sie sich verfärben. Dann die Samen in eine Schüssel geben. Mit den Mohnsamen ebenso verfahren, dann mit den Kokosraspeln und schließlich mit den Fenchelsamen. Die übrigen Zutaten für die Füllung zu den Samen und Kokosraspeln geben und alles gut vermengen.

Den Teig in 4 Portionen aufteilen. Nun jede Portion einzeln dünn ausrollen auf einen Durchmesser von grob 22–23 cm. Den Teigfladen mit einem Backpinsel mit Wasser anfeuchten. Ein Viertel der Füllung darüberstreuen und die Körner leicht andrücken. Den Fladen wie eine Biskuitrolle zusammenrollen, dann quer in etwa 15 mm dicke Stücke schneiden.

In einer Fritteuse oder einem schweren Topf ausreichend Öl auf 170–180 °C erhitzen (der Topf sollte nur bis zu einem Drittel gefüllt sein). Einen mit Küchenpapier ausgelegten Teller bereitstellen. Die Bhakarwadi portionsweise von jeder Seite 2 Minuten goldgelb frittieren. Anschließend herausnehmen und auf dem Küchenpapier abtropfen lassen. Heiß oder kalt servieren.

DELHI

Delhi ist eine Megastadt voller Gegensätze. Neu Delhi, die Hauptstadt Indiens, ist eine Ansammlung von Hochhäusern und riesigen Einkaufszentren, während die Altstadt im Norden ein Labyrinth aus engen Straßen und Gassen ist, in dem es viele Geschäfte mit verlockenden Angeboten gibt und geschäftiges Treiben herrscht. Neben dem Flitter in den zum Verkauf angebotenen Stoffen lockt der Duft der hiesigen Küche.

In einigen Vierteln Neu Delhis ist die Tradition der Straßenküche in Vergessenheit geraten. Es ist die Altstadt, in der man auf Schatzsuche gehen muss. Dort findet man Straßenstände in Einkaufsvierteln, vor Bahnhöfen und Tempeln und in beliebten Parks und Ruhezonen.

Auf den Märkten gibt es viele alteingesessene und berühmte Stände, die von leichten Snacks über Lassis bis hin zu vollständigen Mahlzeiten alles anbieten. Auf den Gewürzmärkten reiht sich ein Geschäft an das andere, alle mit wunderschönen Auslagen vertrauter und exotischer Gewürze. Und natürlich ist auch der Duft, der dort in der Luft liegt, verführerisch.

Delhis Küche wird auch in anderen Städten sehr geschätzt, vor allem Bhel und Pav bhaji, Gerichte, die zu jeder Tageszeit gut schmecken. In Delhi findet man zweifellos das beste Chaat, ob es nun Aloo Tikkis, Samosas oder Kachoris sind. Und auch chinesische Geschmacksvarianten sind in Delhi nicht unüblich.

Inder sind in der Regel große Feinschmecker, aber trotz dieser hohen Ansprüche lieben die Bewohner Delhis ihre Streetfood-Küche. Und je mehr Ghee oder Frittiertes enthalten ist, desto besser! Gut sättigende Gerichte wie Chole Bhature, Aloo Puri und die vielen gefüllten Parathas werden immer gern genommen, ob bei glühender Hitze oder eisiger Kälte.

Das sind die Gerichte, mit denen ich aufgewachsen bin und die ich immer noch über alles liebe. Meinen Kindern schmecken sie heute genauso gut.

Für 4 Personen

Ragda Pattice

Dieses köstliche, auch als alu tikki chaat bekannte Gericht ist in den Straßen Delhis und Mumbais sehr häufig zu finden. Die Kartoffelküchlein werden in riesigen Töpfen frisch in Ghee frittiert und dann mit Kichererbsen oder ganzen Bohnen und einem Chutney serviert. Hier habe ich versucht, eine gesündere Version zu kreieren, die im Geschmack der frittierten aber in nichts nachsteht.

Für die Kichererbsen
1 EL Sonnenblumenöl
1 TL schwarze Senfkörner
1 Prise Asafoetida (Asant)
½ TL Salz
½ TL Chaat Masala (siehe Seite 230)
½ TL gemahlene Kurkuma
2 Dosen (à 400 g) Kichererbsen

Für die Kartoffelküchlein
3 mehligkochende Kartoffeln, gegart und gepellt
½ TL Salz
¼ TL gemahlene Kurkuma
¼ TL Chilipulver
1 EL Ghee (geklärte Butter) oder Sonnenblumenöl

Zum Servieren
4 EL Tamarinden-Chutney (siehe Seite 220)
1 Handvoll feine Nudeln aus Kichererbsenmehl (Sev, erhältlich in Asia-Shops)

Für die Kichererbsen das Öl in einem Topf bei mittlerer Temperatur erhitzen und die Senfkörner zugeben. Sobald sie beginnen zu springen, das Asafoetida und nach einigen Sekunden das Salz, das Chaat Masala und die Kurkuma zufügen und alles gut vermischen. Die Kichererbsen mit ihrer Flüssigkeit aus der Dose zugeben und bei hoher Temperatur 10–15 Minuten kochen, bis nur noch wenig Flüssigkeit im Topf ist.

Für die Kartoffelküchlein die Kartoffeln zu einem glatten Püree zerstampfen, dann mit dem Salz, der Kurkuma und dem Chilipulver gründlich vermischen. Die Mischung in 8 gleich große Portionen aufteilen und diese dann zu Küchlein formen.

Das Ghee oder das Sonnenblumenöl in einer Pfanne bei mittlerer Temperatur erhitzen. Die Kartoffelküchlein darin von jeder Seite etwa 3–4 Minuten goldbraun und knusprig backen.

2 Kartoffelküchlein und 4 EL der Kichererbsenmischung auf jeden Teller geben. Über jede Portion 1 EL Tamarinden-Chutney träufeln und mit einigen Nudeln garnieren. Sofort servieren.

Ergibt 4 Portionen

MUNG
Dal Chaat

Im Unterschied zu vielen gängigen Streetfood-Gerichten ist dieses hier sehr gesund und belebend. Ein zusätzliches Plus: Nur die Kartoffel muss gekocht werden. Ich habe es zuerst in Delhi probiert und war begeistert, dass ein Imbiss so nahrhaft sein kann. Beginnen Sie drei Tage vor der Verwendung mit den Vorbereitungen, da die Mungbohnen eingeweicht werden müssen und Zeit zum Sprießen brauchen.

100 g Mungbohnen (Moong Sabut)
1 kleine Zwiebel, fein gehackt
1 Tomate, entkernt und fein gehackt
1 kleine mehligkochende Kartoffel, gegart, gepellt und fein gehackt
1 kleine grüne Chilischote, fein gehackt
1 Handvoll frische Korianderblätter, fein gehackt
½ TL Chaat Masala (siehe Seite 230)
¼ TL Salz
Saft von 1 Limette

Die Mungbohnen über Nacht in 250 ml Wasser einweichen. Am nächsten Tag durch ein Sieb abgießen und unter fließendem kalten Wasser abspülen, dann in einen Behälter geben, den Behälter mit einem Deckel verschließen und stehen lassen.

Am nächsten Tag die Bohnen erneut abspülen, zurück in den Behälter geben, den Behälter verschließen und bis zum nächsten Tag stehen lassen.

Dann sollten die Bohnen gekeimt und einen leicht knackigen Biss haben. Die Sprossen mit den übrigen Zutaten in eine Schüssel geben und alles gut vermischen. Sofort servieren.

Ergibt 2 Stück

Masala PAPADAM

Dieser knackig-frische Imbiss ist in wenigen Minuten fertig und zudem auch ziemlich gesund. Die Gurken und Tomaten auf den Papadams schmecken hervorragend, aber auch andere Toppings sind möglich, zum Beispiel Frühlingszwiebeln, würziges Rührei, Pickles und jedes beliebige Chutney in diesem Buch. Papadams, oder Papads, wie sie abgekürzt auch oft genannt werden, können aus vielen unterschiedlichen Mehlsorten zubereitet werden, wie man an der großen Auswahl in Asia-Shops erkennen kann. Auch fertige Papadams aus dem Supermarkt können verwendet werden.

2 Papadams
Sonnenblumenöl, zum Ausbacken (nach Belieben)
2 Handvoll fein zerkleinerte Gurke (ohne Kerne)
2 Handvoll fein zerkleinerte Tomate (ohne Kerne)
Salz
1 kleine grüne Chilischote, fein gehackt
einige frische Korianderblätter, fein gehackt
1 Prise Chaat Masala (siehe Seite 230)
2 EL Zitronensaft

Die Papadams nach Belieben zubereiten. Zum Ausbacken etwa 2,5 cm hoch Öl in eine Pfanne geben und bei mittlerer Temperatur erhitzen. Einen Teller mit Küchenpapier auslegen. Wenn das Öl sehr heiß ist, aber noch nicht raucht, 1 Papadam in die Pfanne geben und ausbacken, bis er sich aufbläht – das dauert buchstäblich nur wenige Sekunden. Sofort herausnehmen und auf dem Küchenpapier abtropfen lassen, während der zweite Papadam gebacken wird. Zum Toasten über der Flamme eines Gasherds einen der Papadams mit einer feuerfesten Zange bei mittlerer Hitze etwa 1 Minute über der Flamme vor- und zurückbewegen, bis er sich verfärbt und Wellen bildet.

Zuerst 1 Handvoll Gurken, dann 1 Handvoll Tomaten auf jeden Papadam geben. Zunächst das Salz, dann den grünen Chili und den Koriander darüberstreuen. Mit Chaat Masala bestauben und mit etwas Zitronensaft beträufeln. Sofort servieren.

Ergibt 8 Stück

PARATHA mit Erbsenfüllung

Delhi ist nicht nur berühmt für seine köstlichen, mit allen möglichen Gemüsesorten gefüllten Parathas, sondern auch für die süßen Varianten. Diese leckeren Parathas werden in den Straßen Delhis auf Bestellung frisch zubereitet und frittiert, was sie besonders lecker macht. Da ich hier nur sehr wenig Öl verwende, kann man diese Parathas häufiger genießen, ohne Schuldgefühle haben zu müssen.
(Das Foto sehen Sie auf Seite 178–179.)

Für den Teig
300 g Atta-Mehl, etwas mehr zum Bestauben
¼ TL Salz
1 EL Sonnenblumenöl

Für die Füllung
400 g Erbsen (TK-Produkt)
1½ TL Salz
1 Teelöffel Kreuzkümmelsamen
½ TL Chilipulver
1 TL Mangopulver (Amchur)
Ghee (geklärte Butter) oder Sonnenblumenöl zum Frittieren

Zum Servieren
Butter
beliebiges Chutney

Für den Teig das Mehl mit dem Salz in einer Schüssel vermischen, dann das Öl unterrühren. Langsam gerade so viel von 160 ml Wasser (gegebenenfalls auch mehr) zugeben, bis ein weicher Knetteig entsteht. Den Teig 2 Minuten durchkneten, in eine Schüssel geben und mit Frischhaltefolie abgedeckt mindestens 15 Minuten ruhen lassen.

Für die Füllung die Erbsen in einem kleinen Topf etwa 5–7 Minuten weich kochen. Abgießen und leicht abkühlen lassen.

Die gegarten Erbsen mit den übrigen Zutaten für die Füllung in einer Schüssel gut vermischen. Mit einem Kartoffelstampfer einige Male zerdrücken, um alle Gewürze gründlich mit den Erbsen zu vermischen. Die Mischung in 8 Portionen aufteilen.

Den Teig ebenfalls in 8 gleich große Portionen teilen. Jede Portion auf einer leicht mit Mehl bestaubten Arbeitsfläche zu einem Fladen von etwa 7,5 cm ausrollen.

Mit einem Löffel 1 Portion der Erbsenmischung in die Mitte jedes Fladens geben, die Ränder übereinanderlegen und so mit den Fingerspitzen zusammendrücken, dass die Füllung eingeschlossen ist. Erneut behutsam zu einem Kreis von einem Durchmesser von etwa 15 cm ausrollen.

Eine Pfanne bei mittlerer Temperatur erhitzen und die Parathas von jeder Seite 2 Minuten backen, bis sie Farbe annehmen. 1 TL Ghee über den Fladen träufeln und in weiteren 1–2 Minuten goldbraun backen.

Heiß mit Butter und einem Chutney Ihrer Wahl servieren.

Ergibt 8 Stück

FLADENBROT mit Panirfüllung

Für Parathas gibt es viele unterschiedliche Arten der Zubereitung. Die hier vorgestellte Füllung gehört zu meinen Favoriten – eine würzige Käse-Zwiebel-Mischung, zu dem jedes beliebige Chutney passt. (Das Foto sehen Sie auf Seite 178–179.)

Für den Teig
300 g Atta-Mehl, etwas mehr zum Bestauben
¼ TL Salz
1 EL Sonnenblumenöl

Für die Füllung
225 g Panir, gerieben
1 Zwiebel, fein gehackt
1 grüne Chilischote, fein gehackt
½ TL Salz
½ TL Chilipulver
½ TL Garam Masala
1 TL schwarze Senfkörner
1 Handvoll frische Korianderblätter, fein gehackt

Ghee (geklärte Butter) oder Sonnenblumenöl zum Frittieren

Zum Servieren
Butter
Chutney nach Belieben

Für den Teig das Mehl mit dem Salz in einer Schüssel vermischen, dann das Öl unterrühren. Langsam gerade so viel von 160 ml Wasser (gegebenenfalls auch mehr) zugeben, bis ein weicher Knetteig entsteht.

Den Teig auf einer leicht mit Mehl bestaubten Arbeitsfläche 2 Minuten durchkneten. Dann den Teig in eine Schüssel geben und mit Frischhaltefolie abgedeckt mindestens 15 Minuten ruhen lassen.

Für die Füllung alle Zutaten in einer Schüssel gründlich vermischen. Grob in 8 Portionen aufteilen.

Den Teig ebenfalls in 8 gleich große Portionen teilen. Jede Portion auf einer leicht mit Mehl bestaubten Arbeitsfläche zu einem Fladen von etwa 7,5 cm Durchmesser ausrollen.

Mit einem Löffel 1 Panir-Portion in die Mitte jedes Fladens geben, die Ränder übereinanderlegen und so mit den Fingerspitzen zusammendrücken, dass die Füllung eingeschlossen ist. Erneut behutsam zu einem Kreis von einem Durchmesser von etwa 15 cm ausrollen.

Eine Pfanne bei mittlerer Temperatur erhitzen und die Parathas von jeder Seite 2 Minuten backen, bis sie Farbe annehmen. 1 TL Ghee über den Fladen träufeln und in weiteren 1–2 Minuten Minuten goldbraun backen.

Heiß mit Butter und einem Chutney Ihrer Wahl servieren.

Für 4 Personen

GEFÜLLTES Aloo Tikki

Diese superleckeren, außen knusprigen und innen würzigen Kartoffelkroketten werden mit gewürzten Mung Dal gefüllt und mit Tamarinden-Chutney gegessen. Sie sind in Nordindien ein sehr beliebter Imbiss.

Für die Füllung

- 100 g gespaltene gelbe Mungbohnen (Mung Dal)
- ¼ TL Salz
- 1 Prise gemahlene Kurkuma
- 1 TL Sonnenblumenöl
- 1 Prise Asafoetida (Asant)
- 1 grüne Chilischote, fein gehackt
- ½ TL gemahlener Kreuzkümmel
- ½ TL Mangopulver (Amchur)
- 1 Handvoll frische Korianderblätter, fein gehackt

Für die Tikkis

- 4 mehligkochende Kartoffeln, gegart und gepellt
- ½ TL Salz
- ¼ TL Chilipulver
- Sonnenblumenöl zum Braten

Tamarinden-Chutney (siehe Seite 220) zum Servieren

Für die Füllung die Mungbohnen, das Salz und die Kurkuma mit 200 ml Wasser in einen Topf geben und 1 Stunde einweichen.

Anschließend die Mischung zum Kochen bringen, dann 10–12 Minuten köcheln lassen, bis das gesamte Wasser verdunstet ist und die Mungbohnen halbgar sind.

Das Öl in einem zweiten Topf bei mittlerer Temperatur erhitzen. Das Asafoetida zugeben und gerade einige Sekunden anbraten, dann die grüne Chilischote, den gemahlenen Kreuzkümmel und das Mangopulver zugeben. Alles gut verrühren, die halb gegarten Mungbohnen und die Korianderblätter zugeben und erneut verrühren. Etwa 1 Minute garen, bis die Mischung schön trocken ist. Zum vollständigen Abkühlen beiseitestellen.

Für die Tikkis die gegarten Kartoffeln in einer Schüssel zu einem glatten Püree zerdrücken. Das Salz und das Chilipulver zugeben und gut vermischen. Die Mischung in 8 Portionen aufteilen. 1 Portion mit den Händen zu einer Kugel rollen. Mit dem Daumen in die Mitte der Kugel eine Mulde drücken und diese dann leicht vergrößern. Mit 1 EL der Mungbohnenmischung füllen, dann die Kartoffelmasse über die Füllung streichen, um die Mulde zu verschließen, und erneut eine Kugel formen. Mit den übrigen Portionen der Kartoffelmischung und der restlichen Füllung ebenso verfahren.

Ausreichend Sonnenblumenöl zum Braten in einer Pfanne bei mittlerer Temperatur erhitzen. Einen Teller mit etwas Küchenpapier auslegen. Die Tikkis in kleinen Portionen von jeder Seite 2 Minuten knusprig und goldbraun frittieren. Anschließend herausnehmen und auf dem Küchenpapier abtropfen lassen. Mit Tamarinden-Chutney genießen.

Ergibt etwa 70 Stück

Pani Puri

Dies ist einer meiner absoluten Favoriten, wenn es um Streetfood geht. Pani Puri, auch bekannt als Gol Gappa und Phoochka, besteht aus einem knusprigen aufgegangenen Puri, das mit einem säuerlichen Gewürzwasser und köstlich gewürzter Kartoffel gefüllt wird. In Indien gibt es für diesen Snack viele interessante Arten der Zubereitung. Diese Variante hier ist superlecker und schmeckt nach mehr. (Das Foto sehen Sie auf Seite 183–184.)

Für das Puri
100 g Weizenmehl Type 405
100 g Hartweizengrieß
½ TL Salz
Sonnenblumenöl zum Frittieren

Für das Gewürzwasser
50 g Minzeblätter
10 g frische Korianderblätter
1 kleine grüne Chilischote
1 EL Limettensaft
1 TL Tamarindenmark
1 TL geröstete Kreuzkümmelsamen
2 TL Kristallzucker
1½ TL Salz
einige Eiswürfel

Für die Füllung
1 große mehligkochende Kartoffel, gegart und gepellt
¼ TL Salz
¼ TL Chilipulver

Für den Teig das Mehl mit dem Hartweizengrieß und dem Salz in einer Schüssel vermischen. Gerade so viel von den 6 EL Wasser (gegebenenfalls auch mehr) einzeln zugeben, bis ein weicher Teig entsteht. Den Knetteig mit Frischhaltefolie abgedeckt 30 Minuten ruhen lassen.

Anschließend den Teig in Portionen von der Größe einer Haselnuss aufteilen. Jede Teigportion zu einem sehr dünnen Fladen von etwa 2 cm Durchmesser ausrollen. Während des Ausrollens den übrigen Teig mit einem sauberen Geschirrtuch abdecken, damit er nicht austrocknet.

In einer Fritteuse oder einem schweren Topf ausreichend Öl auf 190 °C erhitzen (der Topf sollte nur bis zu einem Drittel gefüllt sein). Einen Teller mit Küchenpapier auslegen. Die Puri in kleinen Portionen von jeder Seite 1–2 Minuten goldbraun frittieren. Anschließend auf dem Küchenpapier abtropfen lassen.

Für das Gewürzwasser alle Zutaten mit Ausnahme der Eiswürfel in einer Küchenmaschine zu einer glatten Paste verarbeiten. In einen Krug geben, 500 ml Wasser zugießen und alles gut vermischen.

Für die Füllung die Kartoffel in eine Schüssel geben und fein zerdrücken, dann das Salz und das Chilipulver unterrühren.

Kurz vor dem Verzehr die Eiswürfel in das Gewürzwasser geben.

In jeweils 1 Puri mit dem Daumen ein kleines Loch drücken, dann das Puri mit einer kleinen Menge der Kartoffelmischung füllen, etwas von dem Gewürzwasser dazugießen und sofort servieren.

Für 2 Personen

MASALA CHANA Chaat

Ein säuerlich-frisch schmeckendes Masala Chana Chaat, das mir an einem Straßenstand in Delhi sehr gut geschmeckt hat, hat mich zu diesem Rezept inspiriert. Der Straßenverkäufer hatte die Kichererbsen zuvor gekocht und bereitete den Imbiss dann frisch zu. Es ist einfach und schnell zuzubereiten und eignet sich perfekt als Vorspeise oder leichte Mahlzeit, schmeckt aber auch gut zu Grillfleisch oder einem Braten.

2 EL Sonnenblumenöl
1 große Zwiebel, fein gehackt
1 grüne Chilischote, fein gehackt
2 Tomaten, fein gehackt
1 TL Chaat Masala (siehe Seite 230)
½ TL Chilipulver
½ TL Salz
1 Dose (400 g) Kichererbsen, abgetropft und abgespült
1 EL Limettensaft
1 Handvoll frische Korianderblätter, fein gehackt
1 Handvoll Dill, fein gehackt

Das Öl in einem weiten Topf erhitzen und die gehackte Zwiebel und die grüne Chilischote darin bei mittlerer Temperatur 2 Minuten weich garen.

Die Tomaten zugeben und nicht länger als 1 Minute mitgaren, dann das Chaat Masala, das Chilipulver, das Salz und die Kichererbsen einrühren und alles gut vermischen.

Den Topf von der Kochstelle nehmen und den Limettensaft sowie die frischen Kräuter einrühren. Heiß oder kalt servieren.

Ergibt 8 Stück

Bhatura

Dieses frittierte Fladenbrot wird traditionsgemäß mit Chole, einem bekannten Kichererbsengericht, serviert. Es ist herrlich wohltuend, wenn es draußen kalt ist, und ist in Nordindien nicht nur als Imbiss der Straßenküche sehr beliebt, sondern wird auch bei vielen Hochzeiten serviert. (Das Foto sehen Sie im Hintergrund auf Seite 186.)

300 g Weizenmehl Type 405
¼ TL Backpulver
¼ TL Salz
3 EL Naturjoghurt (ca. 3,5 % Fettgehalt)
Sonnenblumenöl zum Frittieren
Chole (siehe Seite 187) oder ein Curry nach Wahl zum Servieren

Das Mehl mit dem Backpulver, dem Salz und dem Joghurt in einer Schüssel gründlich vermischen. Langsam so viel von 120 ml Wasser zugeben, dass ein weicher (aber nicht feuchter) Knetteig entsteht und diesen dann auf einer sauberen Arbeitsfläche 2 Minuten durchkneten, bis er glatt und geschmeidig ist. Den Teig in eine Schüssel geben und mit Frischhaltefolie abgedeckt 15 Minuten ruhen lassen.

Anschließend den Teig in 8 Portionen für große Bhatura oder in 10–12 Portionen für kleinere aufteilen.

In einer Fritteuse oder einem hohen Topf ausreichend Öl auf 180 °C erhitzen (der Topf sollte nur bis zu einem Drittel gefüllt sein). Einen Teller mit Küchenpapier auslegen.

Jeweils 1 Teigportion zu einem Fladen von einem Durchmesser von etwa 17–20 cm für große Bhaturas oder 10–13 cm für kleine Bhaturas ausrollen. Die Bhaturas von jeder Seite etwa 1 Minute goldgelb frittieren. Anschließend auf dem Küchenpapier abtropfen lassen.

Heiß mit Chole oder einem beliebigen Curry servieren.

Für 4 Personen

Chole

Dieses Kichererbsen-Curry zählt zu den besten Currys Nordindiens und wird oft zusammen mit Bhaturas gereicht – das sind frittierte Fladenbrote, die ursprünglich in den Straßen Delhis, heute aber im ganzen Land heiß serviert werden. Diese Kombination sollte jeder Indienbesucher unbedingt probieren. Das Curry kann auch als leichtere Version mit Reis oder Chapatis auf den Tisch kommen.

3 EL Sonnenblumenöl
2 schwarze Kardamomkapseln
2 grüne Kardamomkapseln
4 Gewürznelken
1 Zimtstange
2 Lorbeerblätter
1 TL Kreuzkümmelsamen
2 große Zwiebeln, geraspelt oder in einer Küchenmaschine zu einer Paste püriert
3 Knoblauchzehen, fein gehackt
1 Stück Ingwer (2,5 cm), geschält und fein gehackt
2 Tomaten, fein zerkleinert
1½ TL Salz
1 TL gemahlene Kurkuma
1 TL Chilipulver, plus etwas zusätzlich zum Garnieren
1 TL Mangopulver (Amchur)
1 TL gemahlener Koriander
1 TL Garam Masala
2 Dosen (à 400 g) Kichererbsen
1 Handvoll frische Korianderblätter, fein gehackt
Bhaturas (siehe Seite 236), zum Servieren
in Streifen geschnittene Zwiebel, zum Garnieren

Das Öl in einem weiten Topf erhitzen und die schwarzen und grünen Kardamomkapseln, die Gewürznelken, den Zimt und die Lorbeerblätter darin 1 Minute garen, bis sie anfangen, die Farbe zu verändern. Die Kreuzkümmelsamen zugeben und, wenn sie anfangen zu knistern, die Zwiebel zufügen. Bei niedriger bis mittlerer Temperatur unter häufigem Rühren etwa 10–15 Minuten garen, bis die Zwiebel dunkelbraun ist.

Den Knoblauch und den Ingwer einrühren und 1 Minute mitgaren. Dann die Tomaten und 100 ml Wasser einrühren, den Deckel auflegen und bei niedriger Temperatur 20 Minuten köcheln lassen, bis die Tomaten weich sind und die Mischung sich als Sauce verbunden hat. Das Salz und die Gewürze zugeben und gut vermischen.

Dann die Kichererbsen mit der Flüssigkeit aus der Dose und 100 ml Wasser zugeben, zum Kochen bringen und anschließend abgedeckt 20 Minuten köcheln, bis die Kichererbsen weich sind. Zum Andicken der Sauce nur einige der Kichererbsen mit einem Kartoffelstampfer zerdrücken. Die Korianderblätter darüberstreuen, mit den mit Chilipulver bestreuten Zwiebelstreifen garnieren und mit den Bhaturas servieren.

Ergibt 24 Stück

KARTOFFEL-ERBSEN-Samosas

Samosas sind vermutlich der berühmteste indische Imbiss und überall auf der Welt bekannt und beliebt. Die Vielfalt der Füllungen ist unendlich groß. Ich mag diese klassische Kartoffel-Erbsen-Füllung am liebsten.

Für den Teig
200 g Weizenmehl Type 405
½ TL Salz
½ TL Ajowan (Königskümmel)
3 EL Sonnenblumenöl, etwas mehr zum Einfetten

Für die Füllung
1 EL Sonnenblumenöl
1 TL Senfkörner
1 grüne Chilischote, fein gehackt
1 TL Salz
½ TL Chilipulver
1 TL Mangopulver (Amchur)
½ TL Garam Masala
100 g Erbsen (frisch oder TK-Produkt)
5 mehligkochende Kartoffeln, gegart, gepellt und zerdrückt

Sonnenblumenöl zum Frittieren

Zum Servieren
Koriander-Spinat-Chutney (siehe Seite 228)
Minze-Chutney (siehe Seite 228)
Tamarinden-Chutney (siehe Seite 220)

Für den Teig das Mehl, das Salz und das Ajowan in einer Schüssel vermischen, dann das Sonnenblumenöl zugeben und mit den Fingern in das Mehl mischen. Langsam gerade so viel von 6 EL Wasser (gegebenenfalls auch mehr) zugeben, bis ein weicher Knetteig entsteht. Den Teig einige Minuten durchkneten, bis er glatt und geschmeidig ist, dann in einer eingeölten Schüssel abgedeckt 15–20 Minuten ruhen lassen.

In der Zwischenzeit die Füllung zubereiten. Das Öl in einem Topf bei mittlerer Temperatur erhitzen und die Senfkörner zugeben. Sobald sie anfangen zu springen, den grünen Chili, das Salz und die trockenen Gewürze zugeben und alles gründlich verrühren. Die Erbsen zufügen und in 5–6 Minuten weich garen. Die Kartoffel zugeben, gut verrühren und nochmals 2 Minuten kochen, bis sich alles gut verbunden hat. Die Mischung in der Pfanne zum Abkühlen beiseitestellen.

Den Samosateig zu einer langen Rolle formen und in 12 gleich große Portionen teilen. Jede Teigportion zu einem Kreis von etwa 12–13 cm Durchmesser ausrollen und in der Mitte durchschneiden.

Einen Halbkreis aus Teig auf die Handfläche legen und die gerade Kante mit etwas Wasser bestreichen, dann zu einer kleinen Tüte formen. Eine Ecke der geraden Kante zur Mitte hin falten, dann die andere Ecke der geraden Kante darüberziehen. Die obere Lage am seitlichen Rand etwas festdrücken. 1 EL der Kartoffelmischug in jede Teigtüte geben. Die Ränder des offenen Endes der Teigtüte mit Wasser bestreichen und dann zusammendrücken und verschließen. Mit den übrigen Zutaten ebenso verfahren.

In einer Fritteuse oder einem hohen Topf ausreichend Öl auf 180 °C erhitzen. Jeweils 2 oder 3 Samosas gleichzeitig von jeder Seite 2–3 Minuten goldbraun und knusprig frittieren.

Heiß mit den beiden grünen Chutneys und etwas Tamarinden-Chutney servieren.

Für 4 Personen

BROT-Pakora

Brot-Pakoras sind in ganz Indien sehr beliebt, werden aber je nach Region unterschiedlich scharf und würzig zubereitet. Es gibt noch andere feine Unterschiede – einige bestreichen das Brot auf beiden Seiten mit Butter, andere nur auf einer Seite, und manchmal wird daraus auch ein Sandwich. Leckere Brot-Pakoras, die ich einmal heiß mit frischem grünen Chutney auf einer tollen Reise nach Amritsar in Nordindien gegessen habe, sind mir in guter Erinnerung geblieben.

Für die Kartoffelmischung
1 TL Sonnenblumenöl
½ TL Senfkörner
½ TL Salz
¼ TL Chilipulver
¼ TL gemahlene Kurkuma
2 mehligkochende Kartoffeln, gegart, gepellt und zerdrückt

Für den Teig
200 g Kichererbsenmehl
1 TL Salz
½ TL Chilipulver
½ TL gemahlene Kurkuma
½ TL Garam Masala

Sonnenblumenöl zum Frittieren
4 Scheiben Weißbrot
Koriander-Spinat-Chutney (siehe Seite 228), zum Servieren

Das Öl für die Kartoffelmischung in einer kleinen Pfanne bei mittlerer Temperatur erhitzen und die Senfsamen darin anrösten, bis sie anfangen zu springen. Dann das Salz, das Chilipulver und die Kurkuma zugeben und gründlich unterrühren. Die zerdrückten Kartoffeln zugeben und 2 Minuten mitgaren, dann zum Abkühlen beiseitestellen.

In einer Fritteuse oder einem hohen Topf ausreichend Öl auf 180 °C erhitzen (der Topf sollte nur bis zu einem Drittel gefüllt sein). Einen Teller mit Küchenpapier auslegen.

In der Zwischenzeit den Teig zubereiten. Dazu das Kichererbsenmehl, das Salz und die Gewürze in einer Schüssel vermischen und langsam gerade so viel von 400 ml Wasser zufügen, dass ein leicht flüssiger Teig entsteht – die Konsistenz sollte der eines Crêpeteigs ähneln.

Die Hälfte der Kartoffelmischung auf eine Scheibe Brot streichen. Eine zweite Brotscheibe darauflegen und alles gut zusammendrücken. Mit den übrigen Brotscheiben und der Kartoffelmischung wiederholen, dann jedes Sandwich in 4 Dreiecke schneiden.

Die Sandwichdreiecke in dem Teig wenden und im heißen Öl von jeder Seite 3–4 Minuten goldbraun frittieren. Anschließend auf dem Küchenpapier abtropfen lassen. (Für eine gesündere Version die Sandwichdreiecke in einer Pfanne mit sehr wenig Öl backen.) Heiß mit grünem Chutney servieren.

Für 6 Personen

Dahi Vada

Diese in Joghurt getränkten Linsenknödel sind nicht nur in Delhi ein beliebter Imbiss, sondern werden gern auch als Beilage zu nordindischen Mahlzeiten gereicht, um die dort üblichen scharfen, würzigen Currys abzurunden. Dieses Gericht besteht aus nur wenigen Zutaten, deren Aromen aber wunderbar zusammenpassen.

Für die Vadas
200 g gespaltene schwarze Linsen (Urad Dal)
1 Stück Ingwer (1,5 cm), geschält und gehackt
½ TL Salz
1 kleine grüne Chilischote, fein gehackt
Sonnenblumenöl zum Frittieren

Für die Joghurtsauce
300 g Naturjoghurt (ca. 3,5 % Fettgehalt)
½ TL Salz
½ TL gemahlener Kreuzkümmel, etwas mehr zum Garnieren (nach Belieben)
¼ TL Chilipulver, etwas mehr zum Garnieren (nach Belieben)
¼ TL Kristallzucker

Tamarinden-Chutney (siehe Seite 220) zum Servieren

Für die Vadas die gespaltenen Linsen in 500 ml Wasser über Nacht oder mindestens 4 Stunden einweichen.

Die eingeweichten Linsen abgießen und mit dem Ingwer, dem Salz und der Chilischote in einer Küchenmaschine oder einem Standmixer zu einer dickflüssigen Paste verarbeiten. Falls erforderlich einige Tropfen Wasser zum Verdünnen zugeben, aber nicht mehr, da sie dickflüssig sein muss.

Die Paste in eine Schüssel geben und mit einem Holzlöffel oder Schneebesen 5–7 Minuten aufschlagen, bis die Mischung leicht und locker ist.

In einer Fritteuse oder einem schweren Topf ausreichend Öl (der Topf sollte nur bis zu einem Drittel gefüllt sein) auf höchstens 170–180 °C erhitzen. Einen Teller mit Küchenpapier auslegen. Aus der Mischung Klöße formen, die ungefähr die Größe kleiner Zitronen haben.

Die Vadas in kleinen Portionen 2–3 Minuten goldgelb frittieren. Zum Abtropfen auf das Küchenpapier geben. Mit den übrigen Vadas ebenso verfahren.

Für die Joghurtsauce alle Zutaten plus 5 EL Wasser in einer Schüssel vermischen.

Jedes Vada in einer Schüssel mit lauwarmem Wasser 2 Minuten einweichen, dann zwischen den Handflächen zusammendrücken, um überschüssiges Wasser herauszupressen, in der Joghurtsauce wenden und auf eine flache Servierschale geben. Die restliche Joghurtsauce darüberträufeln. Nach Belieben etwas Kreuzkümmel und Chilipulver darüberstreuen. Zum Schluss das Tamarinden-Chutney darüberträufeln und bis zum Verzehr kalt stellen.

Für 2 Personen

Tawa Panir

Dieses hier gehört zu den Gerichten, von denen man sich gern noch einen Nachschlag holt. Ich habe es einmal mit frisch zubereitetem Naan gegessen, als ich mit meiner Schwester spätabends auf einem Markt in Delhi unterwegs war. Den Geschmack werde ich nie vergessen. Heute ist es auch bei meiner Familie der Favorit unter den Panirgerichten.

Für den marinierten Panir
50 g Naturjoghurt (ca. 3,5 % Fettgehalt)
1 EL Tomatenmark
¼ TL Salz
¼ TL gemahlene Kurkuma
¼ TL Chilipulver
225 g Panir, in Würfel geschnitten
2 EL Sonnenblumenöl

Für die Sauce
2 EL Sonnenblumenöl
½ TL Kreuzkümmelsamen
½ TL Ajowan (Königskümmel)
1 Stück Ingwer (2,5 cm), geschält und fein gehackt
2 Knoblauchzehen, fein gehackt
1 Zwiebel, fein gehackt
1 grüne Chilischote, fein gehackt
1 EL Tomatenmark
½ TL Salz
½ TL Chilipulver
½ TL gemahlener Koriander
½ TL Garam Masala
1 EL Kasuri Methi (getrocknete Bockshornkleeblätter)
2 EL flüssige Schlagsahne

Reis oder Naan-Brot zum Servieren (nach Belieben)

Für die Marinade den Joghurt, das Tomatenmark, das Salz, die Kurkuma und das Chilipulver in einer Schüssel gut vermischen. Die Panirwürfel zufügen und verrühren, sodass sie rundum mit Marinade bedeckt sind. Die Schüssel mit Frischhaltefolie abdecken und 1 Stunde beiseitestellen.

In der Zwischenzeit die Sauce zubereiten. Das Sonnenblumenöl in einem weiten Topf bei mittlerer Temperatur erhitzen Den Kreuzkümmel und das Ajowan zugeben und anbraten, bis sie anfangen zu knistern. Den Ingwer und den Knoblauch untermischen und 1 Minute garen, dann die Zwiebel und den Chili zugeben und unter gelegentlichem Rühren etwa 8–10 Minuten garen, bis die Zwiebel goldbraun wird.

Das Tomatenmark, das Salz, das Chilipulver, den gemahlenen Koriander, das Garam Masala und 200 ml Wasser zugeben, den Deckel auflegen, die Temperatur auf eine niedrige Stufe reduzieren und in 10–15 Minuten gar köcheln. Den Topf vom Herd nehmen und beiseitestellen.

Für den Panir das Öl in einer Pfanne erhitzen. Die Käsewürfel aus der Marinade nehmen und portionsweise und unter gelegentlichem Wenden etwa 2 Minuten gleichmäßig in dem heißen Öl bräunen. Die fertig gebratenen Portionen in die Sauce geben.

Den Topf mit dem gebratenen Panir und der Sauce bei mittlerer Temperatur zurück auf den Herd stellen. Das Kasuri Methi und die Schlagsahne unterrühren und alles 5 Minuten garen, bis die Sahne heiß ist. Heiß servieren und nach Belieben Reis oder Naan dazu reichen.

Ergibt etwa 12 Stück

Malpua

Dieses überaus üppige, sättigende Gericht ist sehr süß und schmeckt nach mehr. Zu Hause machte meine Mutter Malpuas für uns während der Monsunzeit, um uns zu trösten, wenn es draußen regnete. Ich kann mich auch gut daran erinnern, sie auf indischen Hochzeiten mit Eiscreme oder Rabdi (ein indisches Dessert aus Kondensmilch) gegessen zu haben – ich habe immer darauf geachtet, für dieses Dessert nach dem Hauptgericht noch Platz zu lassen! Sie werden in den Straßen Delhis und in vielen Gegenden im Norden sehr heiß verkauft.

Für die Malpuas
150 g Weizenmehl Type 405
½ TL gemahlener Kardamom
½ TL Backpulver
½ TL geröstete Fenchelsamen
200 ml Milch (ca. 3,5 % Fettgehalt)
Sonnenblumenöl, zum Frittieren

Für den Sirup
400 g extrafeiner Zucker

Eiscreme oder geschlagene Sahne zum Servieren

Für die Malpuas die trockenen Zutaten in einer Schüssel vermischen. Die Milch mit 50 ml Wasser in einem Krug vermischen. Unter kräftigem Rühren mit dem Schneebesen langsam gerade so viel von der Flüssigkeit zu den trockenen Zutaten geben, dass die Konsistenz der Mischung an einen Pfannkuchenteig erinnert.

In einer Fritteuse oder einem hohen Topf ausreichend Öl auf 180 °C erhitzen (der Topf sollte nur bis zu einem Drittel gefüllt sein).

In der Zwischenzeit den Sirup zubereiten. Den Zucker mit 400 ml in einem Topf zum Kochen bringen, dann 7–8 Minuten köcheln lassen und beiseitestellen, während die Malpuas frittiert werden.

Den Teig löffelweise in das heiße Öl geben. (Falls erforderlich, portionsweise arbeiten, damit der Topf nicht zu voll wird.) Die Malpuas von allen Seiten etwa 2 Minuten goldgelb frittieren. Die Malpuas in den Zuckersirup geben und 5 Minuten darin ziehen lassen. Heiß mit Eiscreme oder geschlagener Sahne servieren.

Ergibt 20–25 Stück

Jalebi

Ich bin ein großer Fan dieser mit Sirup getränkten frittierten Köstlichkeit und habe sie in jeder Stadt in Indien probiert, die ich jemals besucht habe. Die in Delhi waren gut, aber die besten gab es in Jabalpur, meiner Heimatstadt, und in Amritsar im Norden. Dies hier ist das Rezept für meine eigene Version, die einfach zuzubereiten ist, aber eine etwas längere Vorbereitungszeit erfordert, weil der Teig über Nacht ruhen muss. Traditionell werden Jalebis in Ghee frittiert, was ihnen einen ganz besonderen Geschmack verleiht, aber manchmal verwende ich stattdessen Sonnenblumenöl. Mit Eiscreme schmecken sie besonders gut. **(Das Foto sehen Sie auf Seite 199.)**

- 100 g Weizenmehl Type 405, plus 1 zusätzlicher TL für den darauffolgenden Tag
- 200 g Kristallzucker
- 10 Kardamomkapseln
- 1 Prise Safran
- Ghee (geklärte Butter) oder Sonnenblumenöl, zum Frittieren
- Eiscreme zum Servieren (nach Belieben)

Das Mehl in einer Schüssel mit 100 ml Wasser etwa 10 Minuten mit einem Schneebesen verquirlen. Die Schüssel mit Frischhaltefolie abdecken und an einem warmen Ort über Nacht gehen lassen. Am nächsten Tag das übrige Mehl (1 TL) gründlich einrühren, dann den Teig in einen Spritzbeutel geben.

Den Zucker, den Kardamom und den Safran mit 200 ml Wasser in einem Topf bei niedriger Temperatur behutsam erhitzen, bis sich der Zucker auflöst, dann 6–8 Minuten zu einem Sirup einköcheln lassen. Warm halten.

In einer Fritteuse oder einem schweren Topf ausreichend Öl zum Frittieren auf 180 °C erhitzen (der Topf sollte nur bis zu einem Drittel gefüllt sein). Portionsweise mit dem Spritzbeutel Kringel in das heiße Fett geben und etwa 2 Minuten frittieren, bis sie rundum goldgelb sind. Die Jalebis aus dem Topf nehmen und sofort in den Sirup gleiten lassen. 3–4 Minuten ziehen lassen, dann sofort servieren und nach Belieben Eiscreme dazu reichen.

Für 8 Personen

Phirni

Dieses Dessert gehört zu den Standardnachspeisen der nordindischen Küche und ist im Winter an Straßenständen zu bekommen. Es ist ähnlich wie Kheer (indischer Reispudding), wird aber aus einer Reispaste zubereitet, die man traditionell in Tonschalen fest werden lässt, wodurch die Creme einen intensiven Geschmack bekommt. Das Phirni in Delhi gehörte zu den besten, die ich je gegessen habe.

100 g weißer Langkornreis
1 l Milch (ca. 3,5 % Fettgehalt)
1 kräftige Prise Safran
1 TL gemahlener Kardamom
100 g heller Rohrzucker
1 Handvoll Pistazienkerne, grob gehackt

Den Reis in 4 EL Wasser 15 Minuten einweichen, dann in einer Küchenmaschine oder einem Standmixer zu einer groben Paste verarbeiten (sie darf nicht glatt sein).

Die Milch mit dem Safran in einem Topf mit schwerem Boden verrühren und zum Kochen bringen. Die Reispaste zugeben und alles verrühren. Die Temperatur auf eine niedrige Stufe reduzieren und 30–40 Minuten köcheln, bis der Reis gar ist, dabei alle 5–7 Minuten umrühren. Den Kardamom und den Zucker zugeben und alles gut vermischen.

Das Phirni in Tonschalen gießen, falls vorhanden, andernfalls in Keramik- oder Glasschalen. Die Pistazien darüberstreuen und bis zum Servieren einige Stunden in den Kühlschrank stellen.

Für 6 Personen

KARDAMOM-
Pistazien-Kulfi

Kulfi (indische Eiscreme) ist besonders in Delhi sehr beliebt, wo heute eine erstaunliche Vielfalt von Geschmacksrichtungen angeboten wird, von Schokolade und Minze bis hin zu Betelpfeffer, aber die traditionelle Kombination aus Kardamom und Pistazien ist immer noch mein Lieblingseis. Die Zubereitung von Kulfi erfordert Geduld – keine schnelle Lösung kann geschmacklich die vielen Stunden ersetzen, in denen die Milch langsam einkocht. Die Geduld wird aber auf jeden Fall belohnt.

1,5 l Milch (ca. 3,5 % Fettgehalt)
50 g heller Rohrzucker
½ TL gemahlener Kardamom
3 EL fein gehackte Pistazienkerne, etwas mehr zum Verzieren

Die Milch in einem großen Topf mit schwerem Boden zum Kochen bringen, dann die Temperatur auf eine niedrige Stufe reduzieren und 3 Stunden köcheln lassen, dabei alle 5–7 Minuten umrühren, um sicherzugehen, dass die Milch nicht am Topfboden ansetzt.

Die Milch, sobald sie sich um zwei Drittel reduziert hat, sicherheitshalber in einen Messbecher gießen, um zu prüfen, dass sie auf 500 ml eingekocht ist, dann zurück in den Topf geben. Den Zucker und den Kardamom zufügen, 1 Minute rühren, dann die Pistazienkerne zugeben. Die Mischung in einen Krug gießen und etwas abkühlen lassen.

Die Mischung auf 6 kleine Gefrierbehälter aufteilen und über Nacht in den Gefrierschrank stellen.

Die Behälter kurz vor dem Verzehr einige Sekunden in warmes Wasser tauchen, dann die Kulfis auf Dessertteller stürzen. Die zusätzlichen Pistazienkerne darüberstreuen und servieren.

Für 2 Personen

Chaas

Chaas ist ein wunderbares Erfrischungsgetränk – eine leichtere, pikante Version des beliebten Joghurtdrinks Lassi, die traditionell aus Buttermilch zubereitet wird und in heißen indischen Sommern hilft, besser mit der Hitze zurechtzukommen. Es wird nicht nur an Straßenständen, sondern auch in der eigenen Küche zubereitet, und es gibt wie bei allen Gerichten der Straßenküche, viele Möglichkeiten der Zubereitung. In Delhi kann man zwar bei vielen Straßenverkäufern wunderbares Chaas kaufen, aber ich bleibe lieber bei dem Rezept meiner Mutter! Sie hat Butter und Ghee zu Hause selbst gemacht und die Buttermilch, die sie für dieses Getränk verwendet hat, war ein Nebenprodukt. Da ich die Qualität und den Geschmack von jener Buttermilch hier in England nirgends bekommen kann, verwende ich lieber Naturjoghurt.

100 g Naturjoghurt (ca. 3,5 % Fettgehalt)
½ TL Salz
¼ TL gemahlener Kreuzkümmel
10 Minzeblätter
1 TL fein gehackter Ingwer
einige Eiswürfel zum Servieren (nach Belieben)

Den Joghurt in einer Schüssel mit einem Schneebesen glatt rühren. Das Salz und den Kreuzkümmel zugeben und gut vermischen.

Die Minzeblätter und den Ingwer in einem Mörser zu einer glatten Paste zerreiben und die Paste in den Joghurt rühren.

Den Joghurt mit 300 ml Wasser gründlich verquirlen. Eiswürfel in 2 Gläser geben, mit dem Chaas auffüllen und servieren.

Für 4 Personen

KAROTTEN-Halwa

Dieses süße, wohltuende und als Gajar Ka Halwa bekannte Dessert wird in den Wintermonaten zubereitet, wenn Karotten Saison haben. Man findet es in Delhi und in ganz Nordindien. Dort bereitet man es zu Hause zu oder kauft es an Straßenständen, wo es in großen Töpfen warm gehalten wird. Es wird häufig mit Khoya zubereitet, einer stark eingekochten Milch, aber hier habe ich für eine etwas leichtere Version stattdessen normale Vollmilch verwendet.

2 EL Ghee (geklärte Butter)
500 g Karotten, geschält und geraspelt
500 ml Milch (ca. 3,5 % Fettgehalt)
50 g Kristallzucker
½ TL gemahlener Kardamom
25 g Cashewkerne, grob gehackt
25 g Mandeln, grob gehackt, etwas mehr zum Verzieren
Rosinen zum Verzieren

Das Ghee in einem weiten Topf bei mittlerer Temperatur erhitzen Die geraspelten Karotten zugeben und 5 Minuten anbraten, bis sie sich verfärben. Die Milch zugießen und alles zum Kochen bringen. Sobald die Mischung blubbert, die Temperatur auf eine sehr niedrige Stufe reduzieren und 40–45 Minuten ohne Deckel köcheln lassen, dabei alle 5 Minuten umrühren, bis die Karotten die Milch aufgenommen haben.

Den Zucker und den Kardamom zugeben und weitere 5 Minuten köcheln, bis der Zucker geschmolzen ist. Die Cashewkerne und die Mandeln einrühren. Heiß oder kalt mit den Mandeln und Rosinen garniert servieren.

Für 4 Personen

Kaju-Kishmish-EISCREME

Eiscreme mit Cashews und Rosinen ruft in mir die Erinnerung an einen Straßenstand wach, den mein Vater mit meinen Schwestern und mir ansteuerte, wenn er uns eine Freude machen wollte. Ich weiß auch heute noch genau, wie dieses Eis damals geschmeckt hat. Den Stand gibt es nicht mehr, aber bei meinem letzten Besuch in Delhi habe ich an einem anderen Straßenstand eine ähnliche Eiscreme gefunden und mit diesem Rezept habe ich versucht, ihr so nahe wie möglich zu kommen.

4 Eigelbe
50 g Kristallzucker
250 ml Milch (ca. 3,5 % Fettgehalt)
125 ml flüssige Schlagsahne
1 TL Vanilleextrakt oder Mark von 1 Vanilleschote
30 g Rosinen, grob gehackt
30 g Cashewkerne, fein gehackt

Die Eigelbe und den Zucker in einer hitzebeständigen Schüssel 7–8 Minuten zu einer hellen schaumigen Masse verquirlen. Beiseitestellen.

Die Milch, die Sahne und die Vanille in einem Topf bei niedriger Temperatur erhitzen, bis die Mischung beginnt zu blubbern.

Langsam unter ständigem Rühren mit dem Schneebesen die heiße Milchmischung zu dem Eigelb gießen. Die Mischung zurück in den Topf geben und bei niedriger Temperatur unter ständigem Rühren 8–10 Minuten zu einem Pudding einkochen. Sobald die Mischung beginnt einzudicken, den Topf von der Kochstelle nehmen und leicht abkühlen lassen.

Die Mischung in eine Eismaschine geben und nach den Anweisungen des Herstellers weiterverarbeiten. Oder in einen Gefrierbehälter füllen, 1 Stunde in den Gefrierschrank stellen und dann stündlich rühren, bis die Masse gleichmäßig glatt ist. Kurz bevor die Eiscreme fest ist, die Cashewkerne und die Rosinen zufügen.

Die Eiscreme in einen Gefrierbehälter füllen und in den Gefrierschrank stellen, bis sie vollständig fest ist.

Für 4 Personen

Shahi Tukda

Shahi Tukda, einer der Favoriten meiner Kindheit, ist ein Dessert, das meine Mutter früher bei besonderen Anlässen zubereitet hat, man kann es aber auch im Winter in Delhis Straßen kaufen. Übersetzt bedeutet der Name »königliches Stück«, ein Hinweis auf die herrlich üppige Fülle eines Desserts, das eigentlich aus einer relativ einfachen Kombination aus in aromatisierter eingekochter Milch eingeweichtem Brot und knackigen Nüssen besteht.

500 ml Milch (ca. 3,5 % Fettgehalt)
¼ TL gemahlener Kardamom
¼ TL Rosenwasser
100 g Kondensmilch
4 Scheiben Weißbrot
4 EL Ghee (geklärte Butter)
1 Handvoll Mandeln, fein gehackt
1 Handvoll Pistazienkerne, in feine Stifte geschnitten

Die Milch in einem Topf mit schwerem Boden zum Köcheln bringen und bei niedriger Temperatur etwa 1 Stunde köcheln lassen, bis sie auf ein Viertel ihres ursprünglichen Volumens eingekocht ist. Den Kardamom, das Rosenwasser und die Kondensmilch zugeben und 2 Minuten mitkochen, bis sich alles gut vermischt hat. Zum Abkühlen beiseitestellen.

Die Krusten der Brotscheiben abschneiden und jede Scheibe diagonal in 2 Dreiecke schneiden. Eine Pfanne bei mittlerer Temperatur erhitzen, dann 1 EL Ghee hineingeben und 2 Brotdreiecke darin von jeder Seite etwa 1–2 Minuten goldbraun backen. Mit dem übrigen Ghee und den restlichen Brotscheiben ebenso verfahren.

Jedes gebackene Brot nicht länger als einige Sekunden in die abgekühlte eingekochte Milch tauchen und auf einen Dessertteller geben. Das Brot darf in der Milch nicht weich werden, sonst fällt es auseinander.

Wenn alle Brotscheiben mit Milch getränkt und auf den Tellern angerichtet sind, die restliche Milch über das Brot gießen und die Mandeln und Pistazien darüberstreuen. Warm oder zimmerwarm servieren.

Für 3 Personen

Mango-Lassi

Diesen köstlichen Mango-Lassi habe ich zum ersten Mal in Delhi getrunken und bereite ihn seitdem zu Hause immer dann zu, wenn gerade Mangozeit ist. In Indien gilt Lassi als Getränk für heiße Sommertage, weil das Eis und der Joghurt für Abkühlung sorgen.

Samen aus 5 grünen Kardamomkapseln
200 g Mango-Fruchtfleisch
200 g Naturjoghurt
(ca. 3,5 % Fettgehalt)
100 ml Milch (ca. 3,5 % Fettgehalt)
1 EL Kristallzucker
einige Eiswürfel

Die Kardamomsamen in einem Mörser zu einem Pulver zermahlen.

Das Mango-Fruchtfleisch, den Joghurt, die Milch, den Zucker und den gemahlenen Kardamom in einem Standmixer mixen. Die Eiswürfel zugeben und erneut 1 Minute verarbeiten. In 3 Gläser gießen und servieren.

Für 2 Personen

Masala Chai

Dieses Getränk ist das Fundament der indischen Streetfood-Kultur und wird an jeder Ecke und in jedem Winkel in fast jeder Straße in Indien verkauft. Jeder hat seine eigenen Lieblingsstände für Chai, die er täglich, ob tagsüber oder nachts, besucht. In meinem ersten Collegejahr, als wir oft bis spät in die Nacht gearbeitet haben, kam ein Chai-Verkäufer um etwa ein Uhr nachts auf seinem Fahrrad mit einem Kanister kochend heißem Chai an unser Tor. Alle Studenten, die noch wach waren, trafen sich dort direkt vor dem College und saßen dann in einer großen Gruppe zusammen, um eine Pause zu machen und Tee zu trinken. Dieses Rezept für Masala Chai habe ich vor Jahren von einem Chai-Straßenverkäufer in Delhi bekommen.

1 dicke Scheibe Ingwer, geschält und zerdrückt
2 grüne Kardamomkapseln
2 Gewürznelken
2 TL Kristallzucker
1 EL loser schwarzer Tee oder 2 Beutel schwarzer Tee
5 EL Milch (ca. 3,5 % Fettgehalt)

300 ml Wasser mit dem Ingwer, den Kardamomkapseln und den Gewürznelken in einem Topf zum Kochen bringen. Den Zucker und den Tee zugeben, die Temperatur auf eine niedrige Stufe reduzieren und 2 Minuten köcheln, bis die Mischung eine intensiv dunkle Farbe annimmt.

Die Milch in den Topf rühren und die Mischung erneut zum Kochen bringen, dann die Temperatur reduzieren und 2–4 Minuten köcheln, bis sie gut durchgezogen ist.

Den Masala Chai durch ein Sieb in 2 Tassen abseihen und sofort servieren.

CHUTNEYS UND MASALAS

Für 6–8 Portionen

TOMATEN-DATTEL-CHUTNEY

Das Rezept für dieses leckere Chutney stammt von meiner Freundin Sujana, die in Kolkata lebt, wo es zu allen möglichen Gerichten der Straßenküche angeboten wird. Die Mischung der in diesem Rezept verwendeten Gewürze heißt Panch Phoron, ein Mix, der in Kolkatas Küche stets großzügig zum Einsatz kommt. (Das Foto sehen Sie auf Seite 222–223.)

1 EL Sonnenblumenöl
½ TL Fenchelsamen
½ TL schwarze Senfkörner
½ TL Kreuzkümmelsamen
½ TL Schwarzkümmelsamen (Kalonji)
½ TL Bockshornkleesamen
5 Tomaten, grob gehackt
1 kleine grüne Chilischote, fein gehackt
50 g Datteln, grob gehackt
½ TL Salz
½ TL frisch gemahlener schwarzer Pfeffer

Das Öl in einem Topf bei mittlerer Temperatur erhitzen und die verschiedenen Samenkörner darin 1 Minute rösten, bis sie duften. Dann die gehackten Tomaten und den Chili zugeben und 5 Minuten anschmoren, bis die Tomaten weich werden.

Die Datteln mit 100 ml Wasser in den Topf geben, das Salz und den schwarzen Pfeffer zugeben und alles 30 Minuten abgedeckt auf niedriger Stufe dick und sämig einköcheln lassen.

Das Chutney kräftig umrühren und vor dem Servieren ganz abkühlen lassen. In einem verschließbaren Gefäß hält es sich im Kühlschrank 4–5 Tage.

Für 6–8 Portionen

TAMARINDEN-CHUTNEY

Für dieses Chutney, das in den meisten Küchen ganz Indiens zu finden ist, gibt es unterschiedliche Arten der Zubereitung. Die hier vorgestellte Version ist betont säuerlich mit nur einem Hauch von Süße als perfekte geschmackliche Abrundung von Chaat und passt daher wunderbar zu allen Chaat-Gerichten in diesem Buch (siehe Seiten 24, 48, 110, 156, 173 und 184), kann aber auch als Dip zu Snacks und Partyhäppchen gereicht werden. (Das Foto sehen Sie auf Seite 222–223.)

100 g Tamarindenmark
100 g Jaggery (unraffinierter Rohrzucker)
5 Datteln, entsteint und gehackt
¼ TL Salz
¼ TL Chilipulver
¼ TL gemahlener Kreuzkümmel

In einem Topf das Tamarindenmark mit dem Jaggery, den Datteln und 300 ml Wasser zum Kochen bringen. 7–8 Minuten köcheln lassen, bis sich der Zucker aufgelöst hat und das Fruchtfleisch weich ist.

Die Masse durch ein Sieb in eine Schüssel passieren – dabei gut mit einem Löffel ausdrücken, damit nichts von dem Saft verloren geht.

Die Mischung in einem sauberen Topf bei niedriger Temperatur 1–2 Minuten erhitzen, das Salz, das Chilipulver und den Kreuzkümmel zugeben und alles gut verrühren. Dann den Topf vom Herd nehmen und das Chutney vor dem Servieren abkühlen lassen. In einem verschließbaren Behälter hält es sich im Kühlschrank 15–20 Tage.

Für 6–8 Portionen

KOKOS-CHUTNEY

Dieses schlichte Chutney ist ein unverzichtbarer Bestandteil der klassischen Kombination mit Dosa (siehe Seite 26) und Sambar (siehe Seite 33). Als eine der Basiszutaten in der Küche Chennais wird Kokos-Chutney dort zu sehr vielen verschiedenen kleinen und großen Mahlzeiten gegessen. Jeder Haushalt hat für dieses Chutney seine ganz eigene Variante und hier lernen Sie meine ganz persönliche kennen. (Das Foto sehen Sie auf Seite 222–223.)

- 2 EL gespaltene Kichererbsen (Chana Dal)
- 150 g frische Kokosnuss, gehackt
- 2 grüne Chilischoten, grob gehackt
- 1 Stück frischer Ingwer (2,5 cm), geschält und grob gehackt
- 6 Curryblätter
- 1 EL Sonnenblumenöl
- 1 TL Senfkörner

Eine Pfanne ohne Fett bei mittlerer Temperatur erhitzen. Die gespaltenen Kichererbsen darin 3–4 Minuten anrösten, bis sie leicht gebräunt sind.

Im Standmixer die Kokosnussstücke, die Chilis, den Ingwer, die Curryblätter und die gerösteten Kichererbsen mit 2–3 EL Wasser zu einer glatten Paste verarbeiten und anschließend in eine Schüssel umfüllen.

Das Öl in einer Pfanne bei mittlerer Temperatur erhitzen und die Senfsamen darin anrösten, bis sie anfangen zu springen. Das aromatisierte Öl über die Mischung in der Schüssel geben und gründlich unterrühren. Das Chutney hält sich in einem verschließbaren Gefäß im Kühlschrank 3–4 Tage.

Für 6–8 Portionen

SZECHUAN-SAUCE

Achtung – diese Sauce ist sehr scharf! Die der indisch-chinesischen Fusionsküche entstammende Szechuan-Sauce genießt heute in Indien eine große Beliebtheit und wird zu verschiedenen sehr gängigen Gerichten gereicht. Sie eignet sich auch gut als Dipsauce – vorausgesetzt man hat den Mut, sich auf die Schärfe einzulassen. **(Das Foto sehen Sie auf Seite 222–223.)**

10–15 getrocknete rote Chilischoten
100 ml Sonnenblumenöl
40 Knoblauchzehen, fein gehackt
1 Stück Ingwer (7,5 cm), geschält und fein gehackt
6 Frühlingszwiebeln, fein gehackt
1 EL Kristallzucker
½ TL grobes Salz
1 TL Weißweinessig

Die Chilischoten mit kochendem Wasser bedecken und 15 Minuten einweichen. Anschließend das Wasser abgießen und die Schoten in einem kleinen Universalzerkleinerer zu einer Paste verarbeiten. Dabei gerade so viel Wasser zugeben, dass die gewünschte Konsistenz entsteht. Dann beiseitestellen.

Das Öl in einem kleinen Topf erhitzen und bei niedriger Temperatur den gehackten Knoblauch 10 Minuten anschwitzen. Dann den Ingwer unterrühren und 5 Minuten mitgaren. Die Frühlingszwiebeln zugeben und 5 Minuten anschwitzen.

Die Chilipaste unterrühren und alles auf niedriger Stufe 10 Minuten garen. Zum Schluss Zucker, Salz, Essig und 50 ml Wasser zugeben und alles zusammen nochmals 1 Minute erhitzen. Abkühlen lassen und kalt servieren. In einem verschließbaren Gefäß hält sich die Sauce im Kühlschrank 7–10 Tage.

Für 6–8 Portionen

TOMATEN-CHUTNEY

Sauer, scharf und zugleich leicht süßlich zieht dieses simple Chutney einfach alle Register. Es passt hervorragend zu Snacks und Fingerfood, aber auch zu Parathas, Reis oder als Bestandteil eines Thali. Ich bereite am liebsten regelmäßig gleich eine größere Portion zu, die ich dann einige Tage im Kühlschrank aufbewahren kann, damit sie immer griffbereit ist, wenn wir eine kleine Zwischenmahlzeit brauchen. (Das Foto sehen Sie auf Seite 222–223.)

- 8 Tomaten, grob gehackt
- 8 Knoblauchzehen, gehackt
- 4 kleine grüne Chilischoten, gehackt
- 2 EL Sonnenblumenöl
- ½ TL Salz
- 1 TL Kristallzucker

In einer Küchenmaschine die Tomaten, den Knoblauch und die Chilischoten zu einer glatten Paste verarbeiten.

Das Öl in einem Topf erhitzen und die Tomatenmischung mit dem Salz und dem Zucker hineingeben und zum Kochen bringen. Bei mittlerer bis niedriger Temperatur 10–12 Minuten leise köcheln lassen, bis das Chutney etwas eingedickt ist und die Tomaten gar sind. Vor dem Servieren abkühlen lassen. Das Chutney hält sich in einem verschließbaren Gefäß im Kühlschrank 4–5 Tage.

Für 6–8 Portionen

ERDNUSS-CHUTNEY

Dieses kräftige und feurige Chutney erfordert nur wenige Zutaten und ist ganz einfach zu machen, dennoch wirkt es mit seinen vielen verschiedenen Geschmacksnuancen überaus komplex. Es passt großartig zu fast jedem beliebigen Snack und jeder Mahlzeit. (Das Foto sehen Sie auf Seite 222–223.)

- 5 getrocknete rote Chilischoten
- 10 Knoblauchzehen
- 75 g geröstete Erdnusskerne
- ½ TL Salz
- 1 TL Kristallzucker
- 1 EL Olivenöl

Die Chilischoten und die Knoblauchzehen in einer kleinen Schüssel mit Wasser 15 Minuten einweichen lassen.

Anschließend abgießen und im Standmixer oder einem kleinen Universalzerkleinerer mit den übrigen Zutaten zerkleinern – das beim Einweichen aufgenommene Wasser trägt dazu bei, dass das Chutney schön sämig wird. In eine Schüssel umfüllen und servieren oder in einem verschließbaren Gefäß im Kühlschrank 6–7 Tage aufbewahren.

Für 6–8 Portionen

KORIANDER-SPINAT-CHUTNEY

Die Verwendung von Chana Dal, also gespaltenen Kichererbsen, sorgt dafür, dass dieses Koriander-Chutney völlig anders schmeckt als jene Sorten, die man üblicherweise in indischen Restaurants findet. In Indien wird es zu den unterschiedlichsten Gerichten gereicht, von Sandwiches bis hin zu Bhelpuri, aber auch als Beilage zu scharfen Snacks wie Samosas, Pakoras und Kachoris. **(Das Foto sehen Sie auf Seite 227.)**

- 25 g gespaltene Kichererbsen (Chana Dal)
- 50 g Korianderblätter
- 50 g Spinatblätter
- 15 g Minzeblätter
- 4 Knoblauchzehen
- 1 Stück frischer Ingwer (2,5 cm), geschält
- 2 grüne Chilischoten, in Streifen geschnitten
- ½ TL Salz
- 50 g Naturjoghurt (ca. 3,5 % Fettgehalt)

Eine Pfanne ohne Fett bei mittlerer Temperatur erhitzen und die gespaltenen Kichererbsen darin 3–4 Minuten goldgelb anrösten. Anschließend zum Abkühlen in eine kleine Schüssel umfüllen.

In einem Universalzerkleinerer den Koriander, den Spinat, die Minze, den Knoblauch, den Ingwer, die Chilischoten, das Salz und die gerösteten Kichererbsen zu einer glatten Paste pürieren. Den Joghurt zugeben und erneut mixen. In eine Schüssel umfüllen und servieren oder in einem verschließbaren Gefäß im Kühlschrank 4–5 Tage aufbewahren.

Für 6–8 Portionen

MINZE-CHUTNEY

Die Zubereitung dieses Chutneys ist ein Kinderspiel und doch verleiht es jedem Essen den besonderen Kick. Ich bekam dieses Rezept von einem Straßenverkäufer in Mumbai, dessen Chaat für meinen Geschmack die besten weit und breit waren. Mit dieser Variante ist man immer gut bedient, wenn in einem Rezept Minze-Chutney verwendet wird, darüber hinaus ist es aber auch eine schöne Ergänzung zu vielen Snacks. **(Das Foto sehen Sie auf Seite 227.)**

- 50 g Minzeblätter
- 50 g Korianderblätter
- 1 kleine Zwiebel, grob gehackt
- 3 kleine grüne Chilischoten
- 4 Knoblauchzehen
- 1 TL Salz
- 1 TL Kristallzucker
- 4 EL Zitronensaft

Alle Zutaten in einem Standmixer oder der Schüssel einer Küchenmaschine vermischen und zu einer glatten Mischung verarbeiten. In eine Schüssel umfüllen und servieren oder in einem verschließbaren Gefäß im Kühlschrank 4–5 Tage aufbewahren.

Für 6–8 Portionen

CURRYBLÄTTER-CHUTNEY

In diesem außergewöhnlichen Chutney werden Curryblätter verarbeitet, eines der aromatischsten Blattgewürze überhaupt. Als ich das Chutney in Chennai zum ersten Mal probiert habe, war ich sofort begeistert. Es passt hervorragend zu scharfen, frittierten Snacks wie Vadas, Samosas und Pakoras. (Das Foto sehen Sie auf Seite 227.)

1 EL Sonnenblumenöl
1 Stück frischer Ingwer (2,5 cm), geschält und grob gehackt
2 kleine grüne Chilischoten, grob gehackt
2 EL gespaltene Kichererbsen (Chana Dal)
50 Curryblätter
1 TL Tamarindenmark
50 g frische Korianderblätter
½ TL Salz

Das Öl in einem Topf bei mittlerer Temperatur erhitzen und den Ingwer, die Chilis sowie das Chana Dal darin 1 Minute anrösten, bis die Mischung sich verfärbt. Dann die Curryblätter zugeben und 2 Minuten mitrösten, bis die Blätter weich geworden sind. Das Tamarindenmark zugeben und sehr sorgfältig unterrühren.

Den Inhalt aus dem Topf in einen Standmixer oder einen Universalzerkleinerer geben, Korianderblätter und Salz dazugeben und alles zu einer Paste verarbeiten. Das Chutney hält sich in einem verschließbaren Gefäß im Kühlschrank 4–5 Tage.

Für 6–8 Portionen

CHILI-KNOBLAUCH-CHUTNEY

Dieses Rezept ist eines meiner Lieblings-Chutneys. Obwohl die Zutatenliste nicht sehr lang ist, hat es geschmacklich viel zu bieten und ist ordentlich scharf. Eine köstliche Ergänzung zu jeder Art von Streetfood.

5 rote Chilischoten
15 Knoblauchzehen
1 TL Salz
1 TL Kristallzucker
1 EL Koriandersamen
1 EL Kreuzkümmelsamen
1 EL Pflanzenöl

Die getrockneten Chilischoten 10–15 Minuten in Wasser einweichen.

Nach der Einweichzeit die Chilis abgießen und zusammen mit den übrigen Zutaten außer dem Öl in der Küchenmaschine zu einer glatten Paste verarbeiten.

Das Öl in einem Topf bei niedriger Temperatur erhitzen. Die Paste zugeben und 10 Minuten anbraten, bis der Knoblauch gar ist. Das Chutney hält sich in einem verschließbaren Gefäß im Kühlschrank 4–5 Tage.

CHAAT MASALA

Wenn man mich fragt, ist dieses Masala eine jener Gewürzmischungen, von der man immer einen ausreichenden Vorrat im Küchenschrank haben sollte. Das leicht säuerliche, erfrischende Masala mit würzigem Kick ist das Geheimnis hinter dem besonderen Geschmack von Chaat, es passt aber auch wunderbar zu Salaten, Chutneys oder sogar zu frischem Obst.

2 EL Kreuzkümmelsamen
1 EL Fenchelsamen
¼ TL frisch gemahlener schwarzer Pfeffer
¼ TL Asafoetida (Asant)
¼ TL gemahlener Ingwer
1 EL schwarzes Salz
2 EL Mangopulver (Amchur)

Eine Pfanne ohne Fett bei mittlerer bis niedriger Temperatur erhitzen und die Kreuzkümmel- und Fenchelsamen darin etwa 2 Minuten rösten, bis sie sich verfärben. Die gerösteten Samen in einer Gewürzmühle zu feinem Pulver vermahlen.

Die übrigen Zutaten in ein sauberes, trockenes Einmachglas füllen, die gemahlenen gerösteten Samen dazugeben und alles gut vermischen. An einem kühlen, trockenen Ort aufbewahren und innerhalb von 6 Monaten aufbrauchen.

SAMBAR MASALA

Sambar (siehe Seite 33), ein fester Bestandteil der südindischen Küche, kann geradezu süchtig machen und die hier vorgestellte Gewürzmischung trägt dazu bei, dass es jedem gelingt, ein gutes Sambar zu machen.

- 50 g Koriandersamen
- 10 getrocknete rote Chilischoten
- 1 EL Kreuzkümmelsamen
- 1 EL schwarze Senfsamen
- 1 EL gespaltene schwarze Linsen (Urad Dal)
- 1 EL gespaltene Kichererbsen (Chana Dal)
- 1 EL gespaltene Straucherbsen (Toor Dal)
- 10 getrocknete Curryblätter
- 1 EL gemahlene Kurkuma
- 1 TL Asafoetida (Asant)

Eine Pfanne ohne Fett bei mittlerer bis niedriger Temperatur erhitzen und die Koriandersamen darin etwa 1 Minute anrösten, bis sie sich gerade verfärben. Die gerösteten Samen in eine Schüssel geben und in derselben Pfanne die roten Chilis 1 Minute anrösten, bis sich ihr Aroma entfaltet. Die gerösteten Chilischoten zu den Koriandersamen in die Schüssel geben.

Als Nächstes Kreuzkümmel und Senfsamen wiederum in derselben Pfanne 1 Minute rösten, bis sie sich verfärben, und auch diese zu den anderen gerösteten Zutaten in die Schüssel geben.

Nun die verschiedenen Dal-Sorten in der Pfanne 1 Minute rösten, bis sie sich verfärben, und ebenfalls in die Schüssel geben.

Alle gerösteten Zutaten mit den Curryblättern, der Kurkuma und dem Asafoetida vermischen und dann in einer Gewürzmühle zu einem feinen Pulver verarbeiten. Die Mischung abkühlen lassen und anschließend in ein sauberes, trockenes Einmachglas umfüllen. An einem kühlen, trockenen Ort aufbewahren und innerhalb von 6 Monaten aufbrauchen.

PAV BHAJI MASALA

Diese Gewürzmischung trägt entscheidend dazu bei, ein wirklich typisch schmeckendes Pav Bhaji (siehe Seite 130) zuzubereiten. Sie enthält eigentlich nur verschiedene grundlegende Gewürze der indischen Küche, das Besondere dabei ist jedoch das spezielle Mengenverhältnis der Gewürze.

2 EL Koriandersamen
1 EL Fenchelsamen
2 TL Kreuzkümmelsamen
½ TL schwarze Pfefferkörner
4 getrocknete rote Chilischoten
Samen aus 4 grünen Kardamomkapseln
2 Gewürznelken
1 Zimtstange
1 ganze Muskatblüte
1 TL gemahlene Kurkuma
1 TL Mangopulver (Amchur)

Eine Pfanne ohne Fett bei niedriger Temperatur erhitzen. Die Koriander-, Fenchel- und Kreuzkümmelsamen sowie die Pfefferkörner, die Chilis, die Kardamomsamen, die Gewürznelken und die Muskatblüte darin unter gelegentlichem Rühren einige Minuten rösten, bis die Gewürze sich verfärben.

Die Pfanne von der Kochstelle nehmen, das Kurkuma- und Mangopulver gründlich unterrühren und abkühlen lassen.

Die Mischung in einer Gewürzmühle zu feinem Pulver vermahlen und anschließend in ein sauberes, trockenes Einmachglas umfüllen. An einem kühlen, trockenen Ort aufbewahren und innerhalb von 6 Monaten aufbrauchen.

DABELI MASALA

Diese Gewürzmischung ist die entscheidende Zutat bei der Zubereitung von Dabeli (siehe Seite 127). Gut aufbewahrt in einem Einmachglas an einem kühlen, trockenen Ort hält sich dieses Masala mehrere Monate. So hat man im Handumdrehen Dabeli auf dem Tisch.

2 EL Koriandersamen
1 EL Fenchelsamen
1 EL Kreuzkümmelsamen
6 Gewürznelken
4 getrocknete rote Chilischoten
1 Zimtstange
2 EL Sesamsamen
1 EL Kashmiri-Chilipulver

Eine Pfanne ohne Fett bei niedriger Temperatur erhitzen und alle Zutaten mit Ausnahme des Chilipulvers darin einige Minuten unter gelegentlichem Rühren rösten, bis sie sich gerade verfärben. Die Mischung in einer Schüssel abkühlen lassen und dann das Kashmiri-Chilipulver unterrühren. Die Mischung in einer Gewürzmühle zu einem feinen Pulver vermahlen und in ein sauberes, trockenes Einmachglas füllen. An einem kühlen, trockenen Ort aufbewahren und innerhalb von 6 Monaten aufbrauchen.

RED CHILLY PICKLE
Rs. 340/- kg.
KER PICKLE

Register

N

O

P

R

S

T

Die Rezepte nach Städten

DANK

Mein herzlicher Dank geht an –

Meine Eltern, die mich immer und in allem unterstützt und inspiriert haben.

Meine Schwestern Niti und Alpa, die immer für mich da sind und Klartext mit mir reden.

Meine Neffen und Nichten Vanshaj, Aashvi, Reet und Reva, weil sie mein Leben mit so viel Liebe erfüllen.

Meinen Verlag Octopus und meine Lektorin Eleanor, weil sie an meine Ideen für dieses Buch geglaubt haben.

Leanne und Juliette für ihre kreative Unterstützung dieses Projekts.

Keith James, weil er ein toller Begleiter auf meinen Reisen nach Indien war und es ihm so gut gelungen ist, die Stimmung der Straßenküche einzufangen.

Meine Fotografin Nassima, weil sie meine Rezepte auf eine einzigartig ansprechende Weise zum Leben erweckt hat.

Jenni, weil sie wunderbar mit Worten umgehen kann.

Debjani Chatterjee, weil sie mich in die Straßenküche Kolkatas eingeführt hat.

Sridhar Venkataraman, weil er mir den Weg zu seinen bevorzugten Straßenständen in Chennai gezeigt hat.

Meine Cousine Nimisha Nagrath, weil sie meine Gerichte getestet hat und eine tolle Begleiterin auf unseren Streifzügen durch die Straßenküche Mumbais war.

Meine Kinder Sia und Yuv, weil sie mein Leben mit Liebe und Glück erfüllen und meine ehrlichsten Kritiker sind, wenn es ums Essen geht.

Und, an den wichtigsten Menschen, meinen Mann Gaurav, der immer mein Fels in der Brandung ist.